U0501209

山东省自然科学基金青年项目（批准号：ZR2022QG080）

山东建筑大学博士基金项目（批准号：X22008Z）

上海市哲学社会科学课题（批准号：2023EZZ004）与山东省自然科学基金青年项目（批准号：ZR2022QD146）支持

九州文库

土地市场波动与地方政府债务

滕秀秀

梁　丽

郑清广——著

九州出版社

JIUZHOUPRESS

图书在版编目（CIP）数据

土地市场波动与地方政府债务／滕秀秀，梁丽，郑
清广著．－－北京：九州出版社，2025.3. －－ ISBN 978-
7-5225-3745-0

Ⅰ. F321.1；F812.7

中国国家版本馆 CIP 数据核字第 20259DM608 号

土地市场波动与地方政府债务

作　　者	滕秀秀　梁　丽　郑清广　著	
责任编辑	肖润楷	
出版发行	九州出版社	
地　　址	北京市西城区阜外大街甲 35 号（100037）	
发行电话	（010）68992190/3/5/6	
网　　址	www.jiuzhoupress.com	
印　　刷	唐山才智印刷有限公司	
开　　本	710 毫米×1000 毫米　16 开	
印　　张	15	
字　　数	230 千字	
版　　次	2025 年 3 月第 1 版	
印　　次	2025 年 3 月第 1 次印刷	
书　　号	ISBN 978-7-5225-3745-0	
定　　价	95.00 元	

★版权所有　侵权必究★

序

中国土地财政制度下，地方政府债务举借与偿还均高度依赖土地市场发展。一旦土地市场下行，各地方政府将同时面临债务流动性风险，威胁金融机构资产质量，甚至可能触发系统性风险；尤其是全球化背景下，土地市场下行甚至可能对国际金融体系和全球实体经济都会产生负外部效应。整体上，学者们逐渐由地方债务非系统性风险（包括流动性风险、信用风险、操作风险等）的研究转向地方债务系统性风险的研究。然而，现有文献中关于后者的研究还是较少。分析其中原因，较多学者认为，地方政府债务系统性风险只有爆发，并给整个金融体系造成灾难性的损失，研究地方政府债务系统性风险问题才有意义。然而，系统性危机只是系统性风险经历较长时间累积后爆发的一种结果和表现形式，而连续不间断的累积特性才是系统性风险形成的核心。因此，认识地方政府债务系统性风险的内涵、成因、特征与机制等远比引发危机本身更加重要。针对现有研究中的诸多不足，本书开展了如下研究。

第一，根据金融风险理论，划分并界定地方政府债务系统性风险和非系统性风险。基于系统性风险一般演进过程，从累积、爆发与传染三个阶段研究地方政府债务系统性风险演化过程。运用金融风险理论、金融脆弱性理论以及风险传染理论，从时间与截面两个维度对地方政府债务系统性风险累积机理进行研究。进一步，基于债务融资模式视角研究地方政府一般债务与专项债务的融资模式及其变化，探究我国地方政府债务系统性风险的累积特征。

第二，运用复杂网络理论，采集了2018年至2022年全国31944条地方政府债券数据，构建2018年至2022年"地方政府—银行"债券余额承销网络。

在此基础上，从整体性与结构性两个层面研究地方政府债务网络系统性风险特征，并对地方债务系统性风险累积特征进行实证探究。在整体性层面，研究了地方政府债券网络度与度分布、密度、路径三个方面的网络拓扑结构统计指标情况，进而分析地方政府债券网络系统性风险的整体性特征。在结构性层面，研究了地方政府债券网络中心性、"核心—边缘"、集中度与脆弱度三个方面的网络结构统计指标情况，进而分析地方政府债券网络系统性风险的结构性特征。

第三，基于预算视角与融资视角，分别对土地市场与地方政府债务关联进行理论分析。预算视角层面，构建了地方政府预算体系框架与地方政府预算收入体系框架，并对土地市场与地方政府债务的纵向事实关系进行了分析。融资视角层面，利用地方政府预算收入体系，构建地方政府融资形式框架，对一般债务、专项债务与土地财政关联关系进行纵向与横向的全面分析。在此基础上，探究了土地市场波动与地方政府债务系统性风险爆发的作用机理。

第四，基于融资视角与网络视角两个层面研究土地市场波动对地方政府债务系统性风险传染机理。融资视角层面，运用融资风险理论与风险传染理论，利用地方政府融资形式框架，从偿债资金渠道、政府信用渠道与内源融资渠道探讨风险传染机理。网络视角层面，运用风险传染理论与网络理论，从地方政府与金融机构间的风险传染、地方政府间的风险传染两个方面分析风险传染机理，并构建土地市场波动对地方政府债务系统性风险传染网络模型。

第五，基于土地市场与地方政府债务系统性风险紧密关联的事实，运用复杂网络理论，借鉴 DebtRank 算法思想，从初始条件、传导规则与传导效应三个方面，构建地方政府债券网络级联失效模型。运用地方政府债券网络级联失效模型，采集 2022 年的全国省级地方政府债券、土地财政与商业银行营业收入等相关数据，并从情景分析视角，通过设置土地财政分别下降 30% 与50% 两种情景来表示土地市场波动状况，测度土地市场波动对地方政府债务系统性风险传染效应，并识别地方政府债务系统重要性省份。

本书适合于科研与咨询机构、大专院校师生以及政府管理者等所有土地风险与地方政府债务风险问题的关注者阅读。

　　由于作者的学术水平和能力有限，书中不足之处在所难免，敬请读者给予批评指正。

滕秀秀

山东建筑大学管理工程学院

2024 年 3 月 5 日

目　录
CONTENTS

绪　论

第一节　研究背景与意义

一、选题背景

地方政府债务在加快基础设施建设、推动经济发展等方面做出了重要贡献，但同时地方政府债务规模也在不断扩张。据财政部数据显示，2008 年到 2023 年，地方政府债务规模从 3.49 万亿元增长到 40.74 万亿元，其增速达 18.97%，远高于 GDP 平均增速 7.15%。此外，2014 年至今，地方政府债务大量到期，债务本息支出压力大，一个印证是财政部每年发行大量置换债券与再融资债券用于偿还到期的债务，2023 年，地方政府债券到期规模 3.67 万亿元，再融资债券发行规模 3.29 万亿元，即地方政府通过借新债还旧债方式偿还到期债务的比重高达 89.80%。部分地方政府依赖地方政府债券扩大融资、增加基建、拉动经济，随之而来的潜在财政压力、偿债风险、流动性风险及系统性风险等问题不容忽视，也对风险防范工作提出更高更迫切的要求。

与此同时，我国独有的土地财政制度使得地方政府债务过度依赖土地市场发展。如果土地市场下行，土地财政收入减少，部分地方政府将面临融资与再融资困境及债务流动性危机，威胁金融机构资产质量与金融安全，甚至可能引发系统性风险。目前我国部分地方政府债务面临着以下四个方面的问题，这些问题也导致地方政府债务系统性风险问题愈加突出，并逐渐受到政府与各界人士关注。

（1）投机性融资模式导致地方政府债务内生脆弱性问题凸显。2008 年金融危机之后，为稳定与拉动中国经济增长，地方政府债务规模迅速增长，从2008 年到 2014 年，地方政府债务规模从 3.49 万亿增长到 15.40 万亿，债务风险不断累积①②③④⑤，地方政府债务借新还旧问题逐渐暴露。2015 年，为防范和化解地方政府债务风险，国家出台两大新政：置换地方政府存量债务与规定地方政府可以发行债券融资。债务置换在很大程度上缓解了地方政府债务风险，但并没有从根本上消除存量债务的偿还责任，地方政府债务风险依然存在⑥⑦⑧。2018 年，随着新《中华人民共和国预算法》实施后发行的债券逐渐到期，政府通过发行再融资债券的方式偿还到期债券，投机性融资规模逐渐增加，债务内生脆弱性增加。

（2）土地市场波动与地方政府债务风险密切关联。新《中华人民共和国预算法》实施后，土地财政从法律层面正式成为政府预算收入的重要组成部分，2018 年，地方政府约 1/3 的内源融资资金来自土地财政收入。一方面，土地财政是地方政府偿还债务的重要资金来源，尤其对专项债券而言，其偿债资金高度依赖土地出让收入，财政部数据显示，2023 年年底，作为专项债券偿债资金，地方政府性基金收入为 6.63 万亿，其中近九成来源于国有土地

①　黄志刚，李明琢，董兵兵. 地方政府债务违约风险传导机制及最优债务置换［J］. 财经问题研究，2024（3）：39-54.

②　吴海军. 地方政府债务治理、地理禀赋与债务结构分化［J］. 经济管理，2023，45（12）：43-62.

③　刘蓉，李娜. 地方债务密集度攀升的乘数和双重挤出效应研究［J］. 管理世界，2021，37（3）：51-66，160.

④　唐云锋，张帆，毛军. 地方债务风险溢出效应及其影响的测度分析［J］. 数量经济技术经济研究，2021，38（9）：139-158.

⑤　毛捷，曹婧. 中国地方政府债务问题研究的文献综述［J］. 公共财政研究，2019，5（1）：75-90.

⑥　李小林，董礼媛，司登奎. 地方政府债务治理与实体企业系统性风险［J］. 财经研究，2023，49（8）：49-63.

⑦　钟宁桦，连方舟，汪峰. 结构性去杠杆视角下的地方政府债务风险防化［J］. 中山大学学报（社会科学版），2023，63（4）：165-179.

⑧　郭玉清，张妍，薛琪琪. 地方政府债务风险的量化识别与防范策略［J］. 中国人民大学学报，2022，36（6）：60-74.

使用权出让收入（5.80 万亿）。另一方面，土地财政是地方政府举债重要的、直接的信用要素，持续高额的土地财政收入促使地方政府负债快速攀升，土地财政成为地方政府举债融资的最主要支撑①。因此，一旦土地市场下行，土地市场波动会影响地方政府债务偿付能力与融资能力，地方政府债务的流动性风险凸显②③。

（3）地方政府债务风险与银行风险关联性强。据中华人民共和国财政部网数据，2023 年 11 月末，仅商业银行持有地方政府债券规模 33.23 万亿，占比高达 82.17%，商业银行是政府债券的主要持有者。商业银行大规模持有政府债券使得地方政府与银行间存在直接业务关联关系，为债务风险向银行传染提供了渠道，导致政府债务风险与金融部门风险紧密联系④⑤⑥。地方政府债务风险的外部性，不仅可能使本地区政府陷入财政困局和债务风险当中，还可能通过金融系统传导产生连锁反应，转化为区域性、系统性风险⑦。

（4）宏观经济风险加剧土地与财政风险。当前中美贸易战下我国地方政府债务管理所处的外部境况已然不同，随着外部风险因素增加，政府财政管理愈加困难。在新的环境下，地方政府财政支出压力增加，财政风险愈加凸显。与此同时，在房地产严控与去土地财政背景下，土地市场不稳定因素增加，地方政府土地出让收入增速出现下降，部分地区土地出让收入波动较大，考虑到未来我国房地产调控政策仍将会继续，地方政府土地出让收入的波动

---

① 洪源，郭平．"土地财政"视角下的地方政府融资平台债务风险研究——以中部地区 C 市融资平台为例 [J]．西安财经学院学报，2012，25（5）：73-79.

② 袁金凌，李琪琦．地方政府债务风险管理研究：现状对比、经验借鉴与启示建议 [J]．西南金融，2023（11）：3-18.

③ 郑思齐，孙伟增，吴璟，等．"以地生财，以财养地"——中国特色城市建设投融资模式研究 [J]．经济研究，2014，49（8）：14-27.

④ 顾海峰，朱慧萍．地方政府债务是否会影响银行系统性风险——基于土地财政、僵尸贷款及期限错配渠道 [J]．经济学家，2023（2）：67-78.

⑤ 毛锐，刘楠楠，刘蓉．地方政府债务扩张与系统性金融风险的触发机制 [J]．中国工业经济，2018（4）：19-38.

⑥ 熊琛，金昊．地方政府债务风险与金融部门风险的"双螺旋"结构——基于非线性 DSGE 模型的分析 [J]．中国工业经济，2018（12）：23-41.

⑦ 王锋，高远，吴从新．系统重要性地方政府债务的识别研究 [J]．财经论丛，2018，231（3）：29-38.

仍可能会较大。

系统性风险一旦爆发，对我国金融体系以及实体经济带来破坏，尤其是全球化背景下，甚至对国际金融体系和全球实体经济都会产生负外部效应。然而，系统性危机只是系统性风险经历较长时间累积后爆发的一种结果和表现形式，而连续不间断的累积特性才是系统性风险形成的核心。因此，亟须深入分析地方政府债务系统性风险形成机理，探索土地市场波动对地方债务系统性风险累积机理、触发机理、传染机理以及传染效应，识别系统重要性省份，为我国中央和地方政府防范债务风险提供有益参考和建议。

二、研究意义

本书运用系统性风险一般演进过程，从累积、爆发与传染三个层面分析了地方政府债务系统性风险演进机理，利用复杂网络分析政府债务系统性风险网络特征和传染效应，识别系统重要性省份，本研究就土地市场波动对地方政府债务系统性风险影响的认识有较为重要的实践和理论意义。

（一）实践意义

实践中迫切需要识别地方政府债务系统性风险与系统重要性省份，明晰土地市场波动对政府债务系统性的影响，并在此基础上建立相应的风险监管制度。首先，该研究对地方债务风险管控政策的制定提供理论基础，有利于政府构建债务风险防范机制，防范金融系统性风险，保障地区经济的稳定与健康发展。其次，该研究还有利于构建合适的土地市场调控目标，有效控制土地市场和房地产市场风险的跨部门、跨区域扩散。

（二）理论意义

目前关于地方政府债务风险的研究，多以非系统性风险研究为主，关于系统性风险研究较为缺乏，尤其是土地市场波动对地方债务系统性风险影响的研究极为匮乏。本研究将拓展地方债务风险的研究领域，从单纯地方政府主体的债务风险研究拓展到其与金融机构多主体的复杂网络系统性风险研究，从土地市场波动与地方政府债务风险关系拓展到土地市场波动与地方政府债务系统性风险关系研究，从识别非系统性风险的地方政府主体拓展到运用级联失效模型的仿真实验识别地方政府债务系统重要性省份研究，从而丰富和完善债务风险理论。本研究还将拓展土地风险的研究领域，从侧重土地市场波动与地方财政、地方债务关系的研究拓展到土地市场波动与地方政府债务系统性风险关系的研究。

第二节　研究目的和拟解决的关键科学问题

一、研究目的

（1）基于地方政府债务与土地市场紧密关联的事实，运用金融风险理论、金融脆弱性理论、风险传染理论、融资风险理论、网络理论、宏观审慎理论对地方债务系统性风险内涵与累积机理进行分析。在此基础上，探究土地市场波动对地方债务系统性风险爆发与传染机理。

（2）将复杂网络模型引入我国地方政府债务系统性风险研究领域，构建并分析地方债务复杂网络结构，识别地方债务系统性风险网络特征；基于地方债务复杂网络级联失效的风险传染仿真试验，测度土地市场波动对地方债务系统性风险传染效应，并识别地方政府债务系统性重要性省份。

二、拟解决的关键科学问题

（1）如何基于金融脆弱性理论，在界定地方政府债务系统性风险内涵基础上，从理论层面深入分析地方债务系统性风险累积机理，是本课题研究的核心基础科学问题。

（2）如何在剖析土地市场与地方债务关联关系的基础上，探究土地市场波动对地方债务作用机理，进而分析土地市场波动对地方债务系统性风险的爆发与传染机理，是本课题研究的关键科学问题。

（3）如何基于复杂网络，利用复杂网络相关指标分析地方债务网络系统性风险特征；如何利用复杂网络方法，识别地方债务系统重要性省份，是本课题研究面向实践应用的重要科学问题。

第三节 研究内容

一、地方政府债务系统性风险内涵与累积机理

（一）地方政府债务风险分类与系统性风险内涵

根据金融风险理论，界定地方政府债务系统性风险和非系统性风险内涵；分析现有关于地方债务系统性风险的内涵，进一步对地方债务系统性风险内涵进行界定。

（二）地方政府债务系统性风险累积机理

研究系统性风险一般演化过程，并从累积、爆发与传染三个阶段探究地方债务系统性风险形成过程；运用金融脆弱性理论，从时间与截面两个维度对地方债务系统性风险累积机理进行探究。时间维度上，探究地方债务内生脆弱性持续增加机理；截面维度上，探究地方政府与金融机构间关联关系及增强机理。

（三）基于债务融资模式的我国地方政府债务系统性风险累积特征

运用金融脆弱性理论，基于对冲性融资、投机性融资与庞氏融资概念，研究地方政府一般债务与专项债务的融资模式及其变化，探究我国地方债务系统性风险的累积特征。

二、地方政府债务网络结构与系统性风险网络特征分析

（一）地方政府债务复杂网络构建

运用复杂网络理论和金融风险理论，利用 2018 年至 2022 年全国各省债券数据，进行相应处理得到 2018 年、2019 年、2020 年、2021 年与 2022 年债券余额承销情况数据，构建 2018 年至 2022 年"地方政府—银行"债券余额承销复杂网络。

（二）地方政府债务网络系统性风险的整体性特征

运用复杂网络理论，研究 2018 年至 2022 年地方政府债券网络度与度分布、密度、路径三个方面的拓扑性质，进而分析地方政府债券网络系统性风

险的整体性特征。

（三）地方政府债务网络系统性风险的结构性特征

运用复杂网络理论，研究 2018 年至 2022 年地方政府债券网络中心性、核心—边缘、集中度与脆弱度三个方面的拓扑性质，进而分析地方政府债券网络系统性风险的结构性特征。

三、土地市场波动与地方政府债务关联及系统性风险爆发机理

（一）土地市场与地方政府债务关联分析

基于预算视角与融资视角，分别对土地市场与地方政府债务关联进行理论分析。预算视角层面，构建地方政府预算体系，并对土地财政与地方政府债务的事实关系进行全面分析；融资视角层面，运用融资风险理论，构建地方政府融资形式框架，对土地财政与地方政府债务关系进行全面分析，并进一步分析土地市场与地方政府债务互动关联关系。

（二）土地市场波动与地方政府债务系统性风险爆发分析

在对土地市场与地方债务关联研究基础上，研究土地市场波动与地方债务系统性风险爆发的作用机理。

四、土地市场波动对地方政府债务系统性风险传染机理

（一）基于融资视角的土地市场波动对地方政府债务系统性风险传染

运用融资风险理论与风险传染理论，利用地方政府融资形式框架，从偿债资金渠道、政府信用渠道与内源融资渠道探讨风险传染机理。

（二）基于网络视角的土地市场波动对地方政府债务系统性风险传染

运用风险传染理论与网络理论，从地方政府与金融机构间的风险传染、地方政府间的风险传染两个方面分析风险传染机理，并构建土地市场波动对地方政府债务系统性风险传染网络模型。

（三）土地市场波动对地方政府债务系统性风险传染效应

（一）地方政府债务网络级联失效模型构建

基于土地市场与地方债务紧密关联的事实，运用复杂网络理论，借鉴

DebtRank 算法思想，从初始条件、传导规则与传导效应三个方面，构建地方政府债券网络级联失效模型。

（二）基于省级数据的地方政府债务系统性风险传染效应

运用地方政府债券网络级联失效模型，采集 2022 年的全国省级地方政府债券、土地财政与商业银行营业收入等相关数据，并从情景分析视角，通过设置土地财政分别下降 30% 和 50% 两种情景来表示土地市场波动状况，测度土地市场波动对地方政府债务系统性风险传染效应，并识别系统重要性省份。

第四节　研究方法和技术路线

一、研究方法

（一）规范研究方法

通过金融风险理论、金融脆弱性理论、风险传染理论、融资风险理论、宏观审慎理论、网络理论等相关理论和方法，寻找研究的内在逻辑。基于系统性风险一般演进过程，规范研究地方政府债务系统性风险累积、爆发与传染演进过程，探索土地市场波动对地方政府债务系统性风险的影响机理。

（二）文献分析法

本书运用文献检索工具查阅国内外相关文献，并进行整理，明晰目前研究的主要成果和不足之处，进一步确定本书需要探究的科学问题。本书主要对地方政府债务系统性风险的形成与度量及土地市场与其关联关系进行分析，为土地市场波动对地方政府债务系统性风险影响研究奠定了研究基础。

（三）复杂网络方法

根据地方政府与金融机构的债券承销关联关系将地方政府债务系统性风险特征与传染效应问题转化为一个复杂网络问题。每个节点包含各地方政府、金融机构，每条边包括两个主体之间的债券债务关系及其风险阈值信息，以此进行地方政府债务系统性风险网络特征的分析；基于风险传染理论，运用复杂网络方法，对地方政府债务系统性风险关联传染问题进行分析；基于地方政府—银行二分网络模型，借鉴 DebtRank 算法思想，实证研究地方政府债务系统性风险传染效应。

二、技术路线

本书研究的技术路线，见图 X.1。

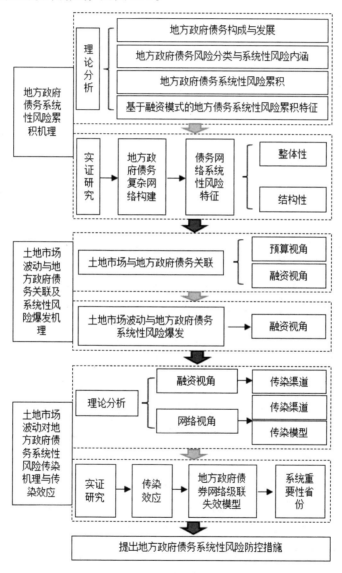

图 X.1　技术路线图

第五节　研究创新点

（1）运用金融脆弱性理论，从时间与截面两个维度全面揭示了地方政府债务系统性风险累积机理。截面维度上，通过分析地方政府债务的对冲性融资、投机性融资和庞氏融资模式，识别我国地方政府债务系统性风险的累积状况，研究表明，一般债券与专项债券的投机性融资模式比重均高达八成以上，截面维度上地方政府债务脆弱性较高。时间维度上，通过分析地方政府债务融资模式的变化情况，识别我国地方政府债务系统性风险的累积状况，研究表明，地方政府愈加依赖借新债还旧债的融资模式，投机性融资模式占比会逐渐增加，时间维度上的地方政府债务脆弱性越来越高，地方债务系统性风险不断累积。

（2）运用融资风险理论，创新性地构建地方政府内源融资与外源融资分析框架，探究土地市场与地方债务关联关系，发现地方政府债务举借与偿还均依赖土地财政，地方政府融资是联系土地财政与地方债务的载体，土地价格预期增长是这个系统能否稳定运行的关键所在。运用风险传染理论，创新性地从共同冲击视角揭示土地市场波动共同冲击引发地方政府债务系统性风险爆发的机理，发现由于共同的土地风险敞口，一旦土地市场下行，土地风险会使各级地方政府中的部分甚至所有地方政府同时面临流动性风险，或将触发地方政府债务系统性风险爆发。

（3）运用风险传染理论，创新性地利用政府融资形式框架探究土地市场波动对地方债务系统性风险的传染渠道，发现土地市场下行可通过偿债资金、政府信用与内源融资三个渠道增加地方政府债务流动性风险。运用复杂网络理论，创新性地基于不同机构主体研究地方债务系统性风险关联传染渠道，发现地方政府间存在间接关联传染，地方政府与金融机构间存在直接关联传染，加之金融机构间直接与间接关联传染共同实现了土地市场波动对地方债务系统性风险的传染、扩散。

（4）运用复杂网络模型方法，创新性地从整体性与结构性两个层面研究地方政府债务网络系统性风险特征，发现地方政府债券网络系统性风险不断积蓄，同时，地方政府债务系统性风险复杂性增加。创新性地运用地方政府债券网络级联失效模型，探究土地市场波动对地方债务系统性风险传染效应测度。实证研究发现土地财政规模与债务系统性风险传染效应呈显著的正向关系。地方债务网络节点重要性存在二八效应。系统性风险传染效应高的地方政府节点，其自身脆弱度较低，而不易发生系统性风险；自身脆弱度高的地方政府节点，其系统性风险传染效应较低，而对整体债券网络传染效应有限。土地财政分别下降 30%、50% 两种情景下，31 省地方政府的 DebtRank 值变化很小。

第一章

文献综述与理论基础

第一节　文献综述

一、系统性风险概念、演进与度量研究

（一）系统性风险相关概念

1. 系统性风险的定义

系统性风险问题虽然被学术界和政策制定者广为接受，但是由于其内涵的复杂性，学术界对系统性风险的定义尚未形成统一的认识。目前，学者们对系统性风险的定义主要有三种：一是从危机导致的危害范围角度定义。比略（Billio）等[①]以及欧洲央行（ECB）[②]均认为系统性风险为威胁整个金融体系以及宏观经济稳定的风险。二是从传染性角度定义。施瓦质（Schwarcz）[③]认为，系统性风险应侧重于风险事件爆发后金融市场及机构的连锁反应。哈特（Hart）和里津莱斯（Zingales）[④]认为，系统性风险是指尾端事件在不同机构以及不同市场间传播和扩散，致使金融体系以及实体经济遭受损失的风险。考夫曼

---

① BILLIO M, GETMANSKY M, LO A W, et al. Econometric measures of systemic risk in the finance and insurance sectors [J]. Social Science Electronic Publishing, 2010, 104 (3): 535-559.

② ECB. Financial Stability Review [R]. 2010.

③ SCHWARCZ S L. Systemic risk [J]. Georgetown Law Journal, 2008, 97 (1): 193.

④ HART O, ZINGALES L. How to aviod a new financial crisis [R]. Working Paper, 2009.

（Kaufman）① 认为，系统性风险是指单个部门倒闭通过多米诺骨牌效应导致整个银行系统损失的概率。朱元倩和苗雨峰②强调系统性风险是因为某风险因素触发，进而致使不稳定性传播、蔓延的不确定性。张家臻和刘亚③认为系统性风险是由经济冲击导致系统性重要性机构破产，或某金融市场大幅波动，进而触发"多米诺骨牌"效应，致使金融体系崩溃，甚至对经济产生损害的或然性。三是从影响金融功能和实体经济的角度。国际货币基金组织（IMF）、国际清算银行（BIS）与金融稳定理事会（FSB）④ 认为，系统性风险是指金融体系整体或多数遭到损害而引起大面积金融服务停止且给实体经济产生巨大负面影响的风险。张晓朴认为，系统性风险是金融体系全部崩溃或然性。

虽然学术界与监管当局对系统性风险定义不同，但从现有的研究成果可以看出，其定义包括了四个共同点：首先，系统性风险具有全局性或整体性。系统性风险是基于宏观视角，其关注的对象是金融体系的全部或重要组成部分，包括金融机构系统和金融市场系统，而不是单一的机构或市场，全局性是系统性风险与个体风险最显著的区别。其次，系统性风险具有传染性。现有研究揭示了风险在金融体系内传染的连锁反应。但是，侧重点有所区别，部分学者认为风险来源于某一金融机构的倒闭，进而在整个金融体系内蔓延，其他学者则认为风险来自某一冲击，导致不稳定性的扩散。系统性风险的新型观点认为，系统性风险的爆发始于某一冲击⑤。再次，系统性风险具有负外

① KAUFMAN G G. Banking and currency crises and systemic risk：A taxonomy and review ［J］. Financial Markets Institutions & Instruments，2010，9（2）：69–131.

② 朱元倩，苗雨峰. 关于系统性风险度量和预警的模型综述 ［J］. 国际金融研究，2012（1）：79–88.

③ 张家臻，刘亚. 中国银行业系统性风险的度量和影响因素研究 ［J］. 经济经纬，2018，35（5）：143–150.

④ FSB，IMF，BIS. Macroprudential policy tools and frameworks ［R］. 2011.

⑤ 张晓朴. 系统性金融风险研究：演进、成因与监管 ［J］. 国际金融研究，2010（7）：58–67.

部性①。负外部性体现在单个机构的风险和收益不对称，导致风险的影响进一步被放大，传染给其他金融机构及市场，进而对整个金融系统造成破坏，甚至危害实体经济的稳健与顺利运行，即系统性风险具有负面溢出效应。最后，系统性风险具有隐匿累积性。系统性风险是一个持续发酵的过程，在爆发前，金融体系会正常运转，不会造成系列损失。同时，由于社会与学界对系统性风险累积过程重视程度低以及系统性风险的复杂性，系统性风险的累积过程具有较强的隐匿特点。

综合以上分析，本研究中定义系统性风险为由某种冲击引起的，导致一个或多个系统重要性金融机构的损失在整个金融体系内蔓延，最终致使整个金融体系崩溃的不确定性。

2. 金融脆弱性、金融危机与系统性风险

系统性风险与金融脆弱性、金融危机两个概念既有联系，又有区别。金融脆弱性包含狭义和广义两个角度。前者指金融业高负债经营的特征导致了其易损失的本性②。后者指一切融资领域中的风险积聚，包括信贷市场和金融市场③。金融脆弱性理论的提出源于解释金融危机成因的需要，早期的研究认为金融危机主要是外部宏观经济冲击导致的，随着学者们对金融危机问题的深入研究，越来越多学者认为金融体系内在的脆弱性才是诱发系统性风险的根本原因，顺周期性、过度复杂的金融关联性都可以理解为金融脆弱性④⑤。金融危机指多数或所有金融指标的急剧和超周期的恶化，如资产价格、金融机构破产数量等⑥。可以看出，金融危机是一个哑变量，而系统性风险为一个

---

① 外部性是福利经济学的重要概念，指一个经济人的活动对其他经济人产生有利或有害的影响，而施加这种影响的经济人不能从其他经济人获得收益或付出代价，即成本或收益不能完全内生化的情形。当给其他经济人产生福利增加的有利影响时，可称为正外部性；反之，当给其他经济人产生福利降低的有害影响时，可称为负外部性。

② 黄金老. 论金融脆弱性 [J]. 金融研究, 2001 (3): 41-49.

③ 伍志文. 中国金融脆弱性: 综合判断及对策建议 [J]. 国际金融研究, 2002, 19 (8): 9-17.

④ 胡星, 杨梦. 金融脆弱性与美国金融危机: 理论与现实的思考 [J]. 经济经纬, 2009 (1): 138-141.

⑤ 胡星. 从次贷危机到全球金融危机: 警示与反思 [J]. 社科纵横, 2009, 24 (1): 33-35, 38.

⑥ 马勇. 系统性金融风险: 一个经典注释 [J]. 金融评论, 2011, 3 (4): 1-17, 123.

"过程量"[1]。金融危机即系统性风险的爆发与释放，是系统性风险的一个特殊阶段。

（二）系统性风险演进过程

系统性风险是经过长时间的累积，在各种冲击下突然爆发，并迅速传导至整个金融体系，最终演绎为重大金融灾难。要防范系统性风险，首先必须对其演进过程有着清晰认识，然后才能对其进行有效的监管，在其累积阶段采取抑制手段，在其爆发后采取应对措施避免大范围传染，造成更大规模的损失。张晓朴[1]参考戴维斯（Davis）和卡里姆（Karim）[2]的研究，提出系统性风险演进包括累积、爆发与扩散三个阶段，如图1.1。

系统性风险累积多是由宽松的货币政策等冲击导致的，主要表现为资产价格膨胀、政府债务累积等。当系统性风险累积到一定程度时，经济中会发生一些突发事件，导致系统性风险爆发。系统性风险扩散包括资产负债表效应、盯市计价的交易计价规则、心理的恐慌和信心的崩溃三个渠道。丁灿[3]认为，2008年金融危机也经历了危机的孕育期（系统性金融风险累积期）、危机的爆发期（冲击事件触发系统性金融风险）、危机的扩散期（系统性金融风险传导期）与危机的化解期（系统性金融风险释放期）四个阶段。同时提出系统性风险演进过程既包含内因，也包含外因。外因主要有宏观经济政策、经济结构等以"冲击"形式存在的因素，内因则包括时间与空间两个维度。时间维度指正向初始冲击下，系统性风险是如何由于金融体系内在结构和制度安排而逐渐累积的。空间维度包括系统性重要性金融机构的识别与系统性风险在金融体系内的传导以及对经济领域的传导两个问题。系统性风险的演进机理就表现在内因与外因相互作用形成的各种反馈机制上。

1. 系统性风险累积

系统性风险具有较长的累积过程，且期间不对金融机构产生明显的影响，但一旦爆发，便会导致灾难性的损失。通常情况下，科研人员与政策制定者

① 张晓朴. 系统性金融风险研究：演进、成因与监管 [J]. 国际金融研究，2010（7）：58-67.

② DAVIS E，KARIM D. Macroprudential regulation-the missing policy pillar [R]. Keynote address at the 6th Euroframe Conference on Economic Policy Issue in the European Union，2009.

③ 丁灿. 系统性金融风险演进与风险抑制研究 [D]. 南京：南京农业大学，2012.

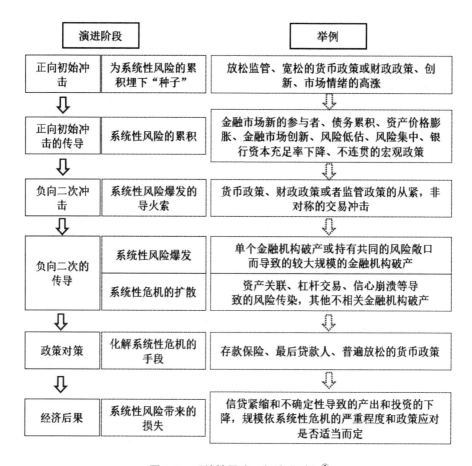

图 1.1　系统性风险一般演进过程①

对系统性爆发导致金融危机的关注远多于对系统性风险累积过程的关注。但系统性风险累积是系统性风险爆发与传染的基础，如果不能理解系统性风险的累积，就不可能理解其爆发与传染、扩散，最终形成系统性危机①。

关于系统性风险累积的内因，大部分学者与监管者达成一致，认为金融内部自身的脆弱性是引发系统性风险的根源。苏明政②认为，金融内生脆弱性

---

① BORIO C. Towards a macroprudential framework for financial supervision and regulation [R]. BIS Working Papers, 2003.

② 苏明政. 我国系统性金融风险的测度、传染与防范研究 [D]. 大连：东北财经大学, 2014.

包括金融机构、金融市场与金融系统三个层次的金融脆弱性，其中金融机构的脆弱性是由于其高负债特性和资产负债期限错配特性产生的，金融市场的脆弱性是指信息不对称、金融市场的顺周期性与不确定性导致系统性风险不断累积，金融系统的脆弱性指由于金融机构脆弱性与金融市场脆弱性形成的系统性风险的失衡状态。朱民①认为，银行信贷和经济及住房市场间相互攀升的恶性循环，是时间维度上系统性风险不断累积的结果。与此同时，盯市会计制度、外部信用评级制度等一些现代金融制度强化了上述共同行为②。可以看出，金融脆弱性理论是从内因层面出发，主要从金融体系与实体经济的相互反馈作用的角度阐释系统性风险的原因，这种相互反馈正是所谓的顺周期性，金融体系的顺周期效应对金融内生脆弱性发挥了重要作用，导致金融体系整体脆弱性不断增强，金融部门的总体内生性风险不断积聚③④。具体而言，在经济繁荣时期，金融机构对借贷者持乐观态度，导致信贷发行量增加，进而刺激经济发展，又反作用于金融体系，促使信贷发行量增加，最终导致系统性风险持续累积。金融体系累积的金融失衡不可能无限期持续，当经济处于下行时期，金融机构又会高估风险。共同风险规避行为致使其减少信贷规模，导致本已缺乏流动性的市场更加缩紧，宏观经济持续恶化，反作用于金融体系又造成大规模不良资产。一旦发生突发冲击，企业爆发资金流动性危机，投资者信心不断丧失，恐慌情绪不断蔓延，进而给整个金融体系以及宏观经济造成严重损失⑤⑥⑦。

① 朱民. 改变未来的金融危机［M］. 北京：中信出版社，2009.

② 王力伟. 宏观审慎监管研究的最新进展：从理论基础到政策工具［J］. 国际金融研究，2010（11）：62-72.

③ BRUNNERMEIER M K, PEDERSEN L H. Market liquidity and funding liquidity［J］. Review of Financial Studies, 2009, 22（6）：2201.

④ SHIN H S. Risk and liquidity in a system context［J］. Journal of Financial Intermediation, 2008, 17（3）：315-329.

⑤ 张晓朴. 系统性金融风险研究：演进、成因与监管［J］. 国际金融研究，2010（7）：58-67.

⑥ 白川方明，何乐. 宏观审慎监管与金融稳定［J］. 中国金融，2010（4）：29-31.

⑦ 苗永旺，王亮亮. 金融系统性风险与宏观审慎监管研究［J］. 国际金融研究，2010（8）：59-68.

关于系统性风险累积的外因，苏明政[①]提出，金融脆弱性是系统性风险形成的内因，金融失衡程度的加剧是导致系统性风险持续累积、扩散的外因，金融内在脆弱性与金融失衡程度加剧相互作用，导致我国系统性风险持续累积与扩散。

2. 系统性风险爆发

当系统性风险累积到一定程度，某些突发事件就会发生，导致系统性风险爆发。可以看出，系统性风险爆发强调某一时间节点触发系统性风险爆发的突发冲击事件，而非触发过程。

传统的观点认为，系统性风险爆发始于某一个金融机构倒闭，进而传染至整个金融体系。新型观点则认为，系统性风险爆发始于金融机构共同风险敞口的冲击。共同风险敞口分为直接与间接两种形式，如不同金融机构直接暴露于相同或相似的金融工具或某资产类别或某市场，或暴露于共同的风险因素。共同风险冲击是由于共同风险敞口突然发生不利变化所产生的风险事件[②③④]。斯托克曼（Stockman）和泰萨（Tesar)[⑤] 最先提出共同风险冲击的概念，他们认为共同风险冲击是一方冲击源对多个国家都有作用的随机冲击。博里奥（Borio)[⑥]与塔拉舍夫（Tarashev）等[⑦]认为，由于大多数金融机构持有共同金融工具，一旦遭受突发事件，多数甚至全部机构均同时遭受倒闭的

---

① 苏明政. 我国系统性金融风险的测度、传染与防范研究 [D]. 大连：东北财经大学，2014.

② TRAPP M, WEWEL C. Transatlantic systemic risk [J]. Journal of Banking & Finance, 2013, 37 (11)：4241-4255.

③ PALTALIDIS N, GOUNOPOULOS D, KIZYS R, et al. Transmission channels of systemic risk and contagion in the European financial network [J]. Journal. of Banking & Finance, 2015, 61：536-552.

④ 欧阳志刚. 中国经济增长的趋势与周期波动的国际协同 [J]. 经济研究，2013，48 (7)：35-48.

⑤ STOCKMAN A C, TESAR L L. Tastes and technology in a two-country model of the business cycle：explaining international comovements [J]. American Economic Review, 1995, 85 (1)：168-185.

⑥ BORIO C. Implementing a macroprudential framework：Blending boldness and realism [J]. Capitalism and Society, 2011, 6 (1).

⑦ TARASHEV N, BORIO C, TSATSARONIS K. The systemic importance of financial institutions [J]. Bis Quarterly Review, 2009, 9：75-87.

风险。苗永旺和王亮亮①以及王力伟②在博里奥⑤的基础上，进一步提出面对共同风险的冲击，不同金融机构审慎行为的趋同性可能会形成"拥挤交易"，进而放大了初始冲击，反过来又会增加机构对共同风险的暴露，导致不可分散的系统性风险上升，最终触发系统性风险突然爆发。如电影院发生火灾时，若所有人均跑向安全出口，后果会惨不忍睹③。1929 年"大萧条"以来的大部分金融危机都是始于金融机构持有共同的风险敞口，资产价格下跌成为触发金融危机的共同冲击事件。例如，2008 年金融危机充分暴露了金融体系对房地产行业共同的风险敞口，面对房价下跌的共同冲击，所有金融机构同时采取资产变卖的审慎行为以化解自身的风险暴露，反而导致房地产市场流动性迅速枯竭，放大了房价下跌的初始冲击，导致金融体系损失严重。

3. 系统性风险传染

传染性是系统性风险的核心特征。目前，学术界就系统性风险传染机理进行了大量研究，并取得了丰富的研究成果，但尚未达成一致意见。埃尔辛格（Elsinger）等④认为，系统性风险传染主要有两种途径：银行同质性下相同风险暴露导致的系统性风险传染与资本业务紧密联系导致连锁反应的系统性风险传染。罗歇（Rochet）和让（Jean）⑤认为银行间的同业业务是初始冲击传播的主要渠道，该渠道又被称为资产负债表的关联。马君潞等①提出，银行业系统性风险的传染渠道主要包括以下三条：一是被动式传染，具体指利率、油价、汇率等外部因素变动冲击引起的风险传播、扩散；二是银行间实际业务传染，具体指由银行间存款、信贷以及支付系统生成的关联关系进行风险传染；三是信息不对称引发的风险传染，强调面对负向突发事件，中小

① 苗永旺，王亮亮. 金融系统性风险与宏观审慎监管研究 [J]. 国际金融研究，2010（8）：59-68.
② 王力伟. 宏观审慎监管研究的最新进展：从理论基础到政策工具 [J]. 国际金融研究，2010（11）：62-72.
③ 马君潞，范小云，曹元涛. 中国银行间市场双边传染的风险估测及其系统性特征分析 [J]. 经济研究，2007（1）：68-78，142.
④ ELSINGER H, LEHAR A, SUMMER M. Risk assessment for banking systems [J]. Management Science, 2006, 52 (9): 1301-1314.
⑤ ROCHET J, JEAN T. Interbank lending and systemic risk [J]. Journal of Money, Credit, and Banking, 1996, 28 (4): 733-762.

投资者采取"跟随政策",进而产生"羊群效应",导致系统性风险传染加速。王力伟①认为,空间维度的网络风险主要包括两种形式:宏观冲击风险和金融传染风险,前者指外生的个体冲击,后者指一个机构陷入困境通过资产负债表间的相关性对其他机构的风险传染,尤其是系统重要性金融机构一旦出现倒闭,由于其关联性很强,包括跨境关联性,会将其自身风险迅速传染至多个金融机构与多个地区。苗永旺和王亮亮②也指出,大型金融机构为金融体系的核心,若其出现问题,会严重影响其他机构。张晓朴③提出,系统性风险传染渠道主要包括资产负债表效应、盯市计价的交易计价规则与心理的恐慌和信心的崩溃。其中,资产负债表效应强调风险冲击通过恶化金融机构资产负债表进行风险扩散,且资产负债表关联度越高,系统性风险的传染越强烈;盯市计价规则渠道强调系统性风险爆发时,由于盯市计价规则导致金融机构的风险资产市值很大程度上被低估,形成风险资产抛售、风险资产价格持续下降的恶性循环,进而促进风险传染;心理恐慌强调系统性危机"自我实现预言"的演绎过程。丁灿④提出,"恐慌"蔓延与银行持有的同类型资产是早期银行业危机中系统性风险的两个主要传染渠道,随着金融机构间业务关联关系日益复杂,业务链条成为系统性风险扩散重要渠道。

此外,根据金融风险理论,系统性风险成因一般可分为内因和外因。其中,关于内因,大部分学者与监管者就其达成一致,认为系统性风险主要来源于时间维度上金融失衡不断累积引发的风险,系统性风险的内因更关注金融体系共同风险行为下其自身整体脆弱性的变化。金融危机往往是金融体系自身累积的风险达到一定的临界值,外生冲击诱导金融体系内机构尤其是系统重要性机构的损失蔓延至整个金融体系,进而爆发金融危机。也就是说,内因是系统性风险形成的根本,外因驱动内因发挥作用,进而导致系统性风

① 王力伟.宏观审慎监管研究的最新进展:从理论基础到政策工具[J].国际金融研究,2010(11):62-72.
② 苗永旺,王亮亮.金融系统性风险与宏观审慎监管研究[J].国际金融研究,2010(8):59-68.
③ 张晓朴.系统性金融风险研究:演进、成因与监管[J].国际金融研究,2010(7):58-67.
④ 丁灿.系统性金融风险演进与风险抑制研究[D].南京:南京农业大学,2012.

险爆发①。

(三) 系统性风险度量研究

梳理系统性风险相关文献，总结现有系统性风险测度方法主要包括五种，如表1.1，具体介绍如下。

综合指数法与早期预警方法是金融危机爆发之前主要的系统性风险测度方法②③④⑤⑥。这两种方法不仅操作简单，还具有一定的连续性和灵活性，在实践中被广泛运用。在金融危机后，金融体系内部关联性和传染性得到重视，基于此，学者们进一步完善了综合指数法和早期预警方法的指标体系⑦⑧。

表1.1 系统性风险测度方法汇总

方法名称	主要思想	文献资料
综合指数法	基于各子系统指标建立综合指数的方法	伊林（Illing）和刘（Liu），2003；哈基奥（Hakkio）和基顿（Keeton），2009；何青等，2018
早期预警技术	探究可以预测金融危机的指标，进而构建预警指标体系	弗兰克尔（Frankel）和罗斯（Rose），1996；纳格（Nag）和米特拉（Mitra），1999；李关政等，2010

---

① 卢荻，张强，蒋盛君等. 金融不稳定性是外生冲击引起的吗 [J]. 当代经济科学，2011，33（4）：44-53，125-126.
② ILLING M，LIU Y. An index of financial stress for Canada [R]. Bank of Canada Working Paper，2003.
③ FRANKEL J A，ROSE A K. Currency crashes in emerging markets：an empirical treatment [J]. Social Science Electronic Publishing，1996，41（3-4）：351-366.
④ NAG A，MITRA A. Neural networks and early waring indicators of currency crisis [R]. Reserve Bank of India Occasional Papers，1999，20（3）：183-222.
⑤ 李关政，彭建刚. 经济周期、经济转型与企业信用风险评估——基于系统性风险的Logistic模型改进 [J]. 经济经纬，2010（2）：87-90.
⑥ HAKKIO C S，KEETON W R. Financial stress：What is it，how can it be measured，and why does it matter? [J]. Economic Review，2009，94（2）：5-50.
⑦ 陶玲，朱迎. 系统性金融风险的监测和度量——基于中国金融体系的研究 [J]. 金融研究，2016（6）：18-36.
⑧ 何青，钱宗鑫，刘伟. 中国系统性金融风险的度量——基于实体经济的视角 [J]. 金融研究，2018（4）：53-70.

方法名称	主要思想		文献资料
复杂网络模型	模拟单个或多个银行风险导致的风险溢出和传导效应	基于实际资产负债敞口和交易数据	穆勒（Muller），2003；IMF，2009；阿珀（Upper），2007、2011；米斯特鲁利（Mistrulli），2011；马君潞等，2007
		基于银行间支付数据	戴蒙德（Diamond）和戴布维格（Dybvig），1983；黄聪等，2010
		基于金融机构收益率的相关性	比略等，2012
风险组合模型	由衡量证券组合风险的方法演化而来，将整个系统看成是金融机构的组合来衡量系统性风险	条件风险价值（Londitional value at Risk，loVaR）	艾德里安（Adrian）和布鲁纳迈尔（Brunnermeier），2009
		系统性期望损失（Systematic Expected Shortfall，SES）、边际期望损失（Marginal Expected Shortfall，MES）	阿查里亚（Acharya）等，2010；布朗利斯（Brownless）和恩格尔（Engle），2010；范小云等，2011
压力测试	评估潜在市场冲击的影响		索格（Sorge），2004；德雷曼（Drehmann），2009；IMF等，2009

风险组合模型，又称简式法。相对于网络模型方法，该方法主要采用公开市场数据，具有较好的前瞻性，能较好地反映系统性风险在时间维度上的变化。该方法又可以分为"自下而上"和"自上而下"两种。前者包括CoVaR方法[1]，后者包括SES方法和MES方法[2][3]。然而，风险组合模型不仅需要大量的上市时间较长的金融机构的数据，而且需要严格满足有效市场假

---

[1] 肖璞，刘轶，杨苏梅. 相互关联性、风险溢出与系统重要性银行识别 [J]. 金融研究，2012（12）：96-106.

[2] BROWNLESS C T, ENGLE R. Volatility, correlation and tails for systemic risk measurement [J]. Available at SSRN, 2012.

[3] 范小云，王道平，方意. 我国金融机构的系统性风险贡献测度与监管——基于边际风险贡献与杠杆率的研究 [J]. 南开经济研究，2011（4）：3-20.

说，导致该方法实用性与有效性受到一定程度的限制①。

　　压力测试最早应用于工程学，是指一种测试系统稳定性的技术方法。相对于在金融学中的应用，其最早是被用来测试单个投资组合或单一金融机构在特殊压力条件下的表现，也被称为微观压力测试。但本次金融危机后，为了测度潜在的大型外生冲击对金融体系的影响，众多学者提出通过借鉴原有压力测试方法，应用相似技术来评估金融系统稳定性及其对宏观经济的影响，也就是所谓的宏观压力测试。具体包括，应对外部压力的风险敞口、压力情景（影响风险敞口的外生冲击）、建立外部冲击及测试结果之间关系的理论模型、衡量测试结果（产出）等②。压力测试具有领先性，可以一定程度上反映出外生冲击对金融机构的传染效应，然而压力测试只能捕捉市场对金融机构的影响，却不能反映金融体系与宏观经济的相互作用，而系统性风险衡量的关键在于考察金融机构遭到小冲击时所带来的大影响③④⑤。

　　复杂网络模型方法是金融危机后系统性风险测度的主流方法。复杂网络方法可以清晰地刻画风险传染的路径和动态的过程⑥。复杂网络风险传染分析方法作为系统性风险传染研究的有效方法之一，在银行间的金融风险传染研究方面得到了学者们的广泛关注⑦。艾伦（Allen）和盖尔（Gale）⑧ 与弗雷

①　范小云，王道平，刘澜飚. 规模、关联性与中国系统重要性银行的衡量［J］. 金融研究，2012（11）：16-30.

②　王博，齐炎龙. 宏观金融风险测度：方法、争论与前沿进展［J］. 经济学动态，2015（4）：149-158.

③　BORIO C, DREHMANN M, TSATSARONIS K. Stress-testing macro stress testing：does it live up to expectations？［J］. Journal of Financial Stability，2014，12：3-15.

④　DREHMANN M. Macroeconomic stress-testing banks：A survey of methodologies［J］. Stress Testing the Banking System：Methodologies and Applications，2009：37-67.

⑤　IMF, BIS, FSB. Guidance to assess the systemic importance of financial institution，Markets and Instruments：Initial Considerations-Background Paper［Z］. 2009.

⑥　黄聪，贾彦东. 金融网络视角下的宏观审慎管理——基于银行间支付结算数据的实证分析［J］. 金融研究，2010（4）：1-14.

⑦　UPPER C, WORMS A. Estimating bilateral exposures in the German interbank market：Is there a danger of contagion？［J］. European Economic Review，2004，48：827-849.

⑧　ALLEN F, GALE D. Financial contagion［J］. Journal of Political Economy，2000，108（1）：1-33.

克萨斯（Freixas）等①最早提出银行间的违约传染与网络机构有关。艾伦和盖尔③发现，银行间市场结构决定金融危机的传播（如图1.2），初始冲击作用于完全的银行间市场时，初始冲击会降低。初始冲击作用于不完全的银行间市场时，传染风险因银行间相关性的不同而存在区别：一是不相关的不完全市场，金融风险只限于发生违约的市场；二是完全相关的不完全市场，金融风险极易从一个金融机构传染至另一个金融机构，进而触发连锁效应，造成整体金融体系产生严重损失。弗雷克萨斯等⑧对完全结构和环形结构进行区分，发现违约传染由模型设定的参数决定。克劳斯（Krause）与吉安桑特（Giansante）② 发现标度参数越小、集中度越大，违约传染概率越小。马丁内斯-哈拉米约（Martínez-Jaramillo）等③对2007年危机中的墨西哥银行进行分析，发现非危机期间，银行间债务网络结构对银行系统的稳定性有积极作用，但在危机期间，银行间债务网络结构为风险传染提供了途径，进而放大了初始冲击。

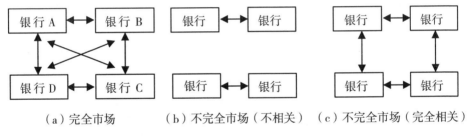

（a）完全市场　　　（b）不完全市场（不相关）　（c）不完全市场（完全相关）

图1.2　完全市场与不完全市场

现实银行间网络既不是随机网络，也不是规则网络。巴拉巴斯（Barabasi）

① FREIXAS X, PARIGI B, ROCHET J C. Systemic risk, interbank relations and liquidity provision by the central bank ［J］. Journal of Money, Credit and Banking, 2000, 32: 611-638.
② KRAUSE A, GIANSANTE S. Interbank lending and the spread of bank failures: A network model of systemic risk ［J］. Journal of Economic Behavior & Organization, 2012, 83 (3): 583-608.
③ MARTÍNEZ-JARAMILLO S, PÉREZ-PÉREZ O, AVILA-EMBRIZ F, et al. Systemic risk, financial contagion and financial fragility ［J］. Journal of Economic Dynamics and Control, 2010, 34 (11): 2358-2374.

与阿尔伯特（Albert）[①] 发现很多真实世界中的网络均为无标度网络。金融网络的度分布函数遵循幂律分布，向右偏移，即度高的节点出现的频率较低，度低的节点出现的频率较高。德格里斯（Degryse）与阮（Nguyen）[②] 发现，金融网络中的大部分低度节点对外生冲击较为稳健，而少数的高度节点面对冲击却非常脆弱，成为风险的"超级传播者"，导致金融网络稳健且脆弱。博斯（Boss）等[③]发现奥地利的银行间网络具有无标度特征。索拉马基（Soramaki）等[④]发现美国的银行间网络也具有无标度特征。贝彻（Becher）等[⑤]与埃德森（Edson）和康特（Cont）[⑥] 发现英国与巴西的银行间网络也属于无标度网络。隋聪和琼尧[⑦]发现中国银行间网络也具有无标度特征。无标度特征会使金融网络中的某些重要节点可通过捷径与网络远端相连，进而可将局部冲击转化为全局冲击。隋聪等[⑧]发现，相对于集中度小的网络，集中度大的网络中大金融机构破产触发风险扩散的概率和范围均较高，然而，规模较小的金融机构破产至一定数量，也能触发大的金融机构破产。

　　根据数据来源，复杂网络方法主要分为三类：一是通过银行间的双边资

①　BARABASI A L, ALBERT R. Emergence of scaling in random networks［J］. Science, 1999, 286（5439）：509-512.

②　DEGRYSE H, NGUYEN G. Interbank exposures：An empirical examination of systemic risk in the belgian banking system［J］. International Journal of Central Banking, 2004, 3（2）：123-171.

③　BOSS M, ELSINGER H, SUMMER M. Network topology of the interbank market［J］. Quantitative Finance, 2004, 4（6）：677-684.

④　SORAMAKI K, BECH M L, ARNOLD J, et al. The topology of interbank payment flows ［J］. Physica A-statistical Mechanics and Its Applications, 2007, 379（1）：317-333.

⑤　BECHER C, MILLARD S, SORAMÄKI K. The network topology of CHAPS sterling, Bank of England［R］. England：Bank of England, 2008：355.

⑥　EDSON B, CONT R. The Brazilian interbank network structure and systemic risk［R］. Brazil：Central Bank of Brazil, 2010：219.

⑦　隋聪，王宗尧. 银行间网络的无标度特征［J］. 管理科学学报，2015, 18（12）：18-26.

⑧　隋聪，迟国泰，王宗尧. 网络结构与银行系统性风险［J］. 管理科学学报，2014, 17（4）：57-70.

产负债敞口数据，评估银行体系的传染风险①②，以及单个银行对系统性风险贡献。数据处理上，难以获得银行间的实际双边敞口数据，因此主要是利用最大熵方法来估计银行间的双边关联关系，但数据的不易获取使得该方法使用较少。二是利用金融系统的支付数据，如采用央行支付系统的银行间支付结算数据进行网络模型实证③。三是利用金融市场数据，比略等④、阿查里亚等⑤从金融机构收益率的相关性出发测度风险传染的可能性。网络模型方法的缺点是模型未对系统性风险诱导因素的发生做定量描述，仅仅是基于模拟和假设。另外，现有运用网络分析法研究往往仅选取某一时间节点的银行间数据，用于评估系统性风险传染效应和评估系统重要性金融机构，而宏观审慎监管要求还应考虑时间维度上系统性风险的累积特征，这就需要尽量频繁地进行网络分析。

二、地方政府债务系统性风险的形成与传染研究

从历史经验看，债务累积可能导致债务危机，而债务危机带来的金融风险会造成更严重的经济衰退⑥。随着我国地方债务风险问题凸显，越来越多的学者就地方债务系统性风险形成与传染问题进行了研究，主要包括内因与外因两个方面。

---

① UPPER C. Simulation methods to assess the danger of contagion in interbank markets [J]. Journal of Financial Stability, 2011, 7 (3): 114-125.

② 贾彦东. 金融机构的系统重要性分析——金融网络中的系统风险衡量与成本分担 [J]. 金融研究, 2011 (10): 17-33.

③ DIAMOND D W, DYBVIG P H. Bank Runs, deposit insurance, and liquidity [J]. Journal of Political Economy, 1983, 91 (3): 401-419.

④ BILLIO M, GETMANSKY M, LO A W, et al. Econometric measures of systemic risk in the finance and insurance sectors [J]. Social Science Electronic Publishing, 2010, 104 (3): 535-559.

⑤ ACHARYAV V, PEDERSEN L H, PHILIPPON T, et al. Measuring systemic risk [J]. The Review of Financial Studies, 2017, 30 (1): 2-47.

⑥ REINHART C M, ROGOFF K S. From financial crash to debt crisis [J]. American Economic Review, 2011, 101 (5): 1676-1706.

（一）内部风险因素与传染机理

奥特（Oet）等①发现，政府债务的持续扩张，导致政府杠杆率过度上升，加之金融机构间业务关联关系，将引发系统性风险。阿尔塔维拉（Altavilla）等②与贝克尔（Becker）和伊瓦希娜（Ivashina）③发现，政府债务危机导致经济下滑，税收减少，政府债务风险增加，企业融资成本增加，金融机构增持政府债券会进一步降低企业信贷，进而促使企业投资和总产出减少，政府债务危机与经济间恶性发展，政府债务风险演化为金融风险。杨志勇④提出，我国地方政府债务风险成因都与发展型政府内在的扩张机制及政府预算约束的缺失有关。刁伟涛和郭慧岩⑤指出，地方政府债务风险存在省份关联特征，且该特征在很大程度上反映了债务风险在部分区域的集聚和系统性风险征兆。吴盼文等⑥发现，虽然短期内我国发生主权债务危机的可能性很低，但政府性债务扩张通过削弱政府税收的经济基础⑦、加剧经济货币化程度以及债务风险向金融体系集中等形式对金融稳定的负面溢出效应上升。毛锐等⑧通过实证研究也发现，地方政府投资冲动驱使地方政府债务规模呈现顺周期特征，由此导致在地方债与金融风险传导的同时形成了风险的内部叠加，累积叠加的风险可能触发系统性风险。熊琛和金昊⑨在吴盼文等①、毛锐等③研究基础上，提出不仅政府债务风险对金融部门风险存在传染，金融部门风险对政府

① OET M V, BIANCO T, GRAMLICH D, et al. SAFE: An early warning system for systemic banking risk [J]. Journal of Banking & Finance, 2013, 37 (11): 4510-4533.

② ALTAVILLA C, PAGANO M, SINONELLI S. Bank exposures and sovereign stress transmission [J]. Review of Finance, 2017, 21 (7): 2103-2139.

③ BECKER B, IVASHINA V. Financial repression in the European sovereign debt crisis [J]. Review of Finance, 2018, 22 (1): 83-115.

④ 杨志勇. 地方政府债务风险：形势、成因与应对 [J]. 人民论坛, 2023 (9): 68-73.

⑤ 刁伟涛, 郭慧岩. 地方政府债务风险的省际关联和非对称传导——基于一般和专项债券的双网络分析 [J]. 金融与经济, 2023 (2): 75-84.

⑥ 吴盼文, 曹协和, 肖毅, 等. 我国政府性债务扩张对金融稳定的影响——基于隐性债务视角 [J]. 金融研究, 2013 (12): 57, 59-71.

⑦ 因为长期而言，房价回落，房价回落使得土地出让金和房地产相关财税收入减少。

⑧ 毛锐, 刘楠楠, 刘蓉. 地方政府债务扩张与系统性金融风险的触发机制 [J]. 中国工业经济, 2018 (4): 19-38.

⑨ 熊琛, 金昊. 地方政府债务风险与金融部门风险的"双螺旋"结构——基于非线性DSGE模型的分析 [J]. 中国工业经济, 2018 (12): 23-41.

债务风险也存在传染，进而提出了地方债务风险与金融部门风险紧密相依、相互传导的风险"双螺旋"结构。伏润民等①从风险外溢视角，创造了债务风险外溢的空间路径体系，并发现了债务风险空间外溢的直接效应与间接效应。进一步采用空间计量模型，发现了我国地方政府债务风险主要通过金融机构中长期贷款对辖区内和辖区间居民企业融资产生挤出性的空间外溢效应。张璇等②依据复杂系统理论分析风险动态演化的多重反馈结构及交互作用机理，构建地方政府债务风险与金融风险交互影响的系统动力学模型，发现房价和房产税税收是地方政府债务风险和金融风险交互传导的关键影响因素。

　　部分学者从地方政府隐性债务角度，选取融资平台为主要研究对象，就融资平台系统性风险进行研究。刘骅和卢亚娟③指出，我国地方投融资平台的"双羊群"效应④易导致平台风险集聚；同时，当前我国金融风险主要集中于地方政府融资平台与房地产市场、民间金融以及影子银行，当平台风险增加，风险极易互相传染，进而导致区域性金融危机的爆发；此外，地方政府投融资平台债务风险存在"顺周期"效应，导致在市场化转型前，平台累积了大量风险，且具有较强的隐蔽性。陈熙⑤指出，截面维度上，由于融资平台企业间、融资平台与银行间以及各个银行之间存在密切而复杂的债权债务关系，使得融资平台系统具有很强的风险传染性。一旦某几家具有系统重要性的融资平台违约，则单个融资平台的金融困难可能因信息不对称及复杂的信贷关

---

①　伏润民，缪小林，高跃光．地方政府债务风险对金融系统的空间外溢效应 [J]．财贸经济，2017，38（9）：31-47.

②　张璇，张梅青，唐云锋．地方政府债务风险与金融风险的动态交互影响研究——基于系统动力学模型的政策情景仿真 [J]．经济与管理研究，2022，43（7）：3-15.

③　刘骅，卢亚娟．转型期地方政府投融资平台债务风险分析与评价 [J]．财贸经济，2016（5）：48-59.

④　地方政府投融资平台的双羊群效应是指对地方政府投融资平台债务而言，金融危机初期由于受单方面扩张性经济刺激政策的额影响，一方面，滋生了地方政府的财政机会主义思想，各地均争相设立投融资平台，导致各级政府平台的盲目成立和重复建设，进而在该领域形成了相互模仿的羊群效应；另一方面，由于有着地方政府信用作为担保，银行及金融机构也存在着争相向各地方投融资平台提供贷款的从众行为。

⑤　陈熙．土地市场对地方融资平台系统性风险传染效应研究——基于复杂网络模型 [D]．上海：同济大学，2016.

联而演变为全局性的系统性风险。马万里和张敏①指出，地方政府隐性债务（包括融资平台、土地抵押、影子银行、PPP"新马甲"等）扩张是触发系统性风险的重要因素，其中，融资平台可以通过金融机构或地方政府传染至金融体系，进而触发系统性风险；土地抵押融资是提升地方政府债务融资能力重要举措，然而一旦地价下跌，土地抵押价值降低，地方政府面临偿债危机，促使抵押品变现，资产价格大幅下降，进而导致地方政府债务危机爆发；影子银行可以通过"地方政府—影子银行—金融风险"与"影子银行—金融机构—金融风险"两条路径对金融风险产生负面影响；PPP隐性债务则通过政府行政干预影响PPP项目落地、政府预算制度不健全影响PPP项目资金拨付、PPP项目泛滥与债务风险累积等路径，导致外生冲击传染至金融体系，引发多米诺骨牌效应，进而诱发系统性风险。牛霖琳等②指出，城投债风险通过避风港效应和补偿效应影响国债收益率，一旦不能有效控制地方政府债务风险，极可能触发债券市场系统性风险爆发。马亚明等③分别从城投债利差和相对发行规模两个角度测度中国地方政府债务风险，通过TVP-VAR模型实证分析地方政府债务风险对金融压力的溢出效应，发现地方政府债务风险对金融压力始终具有较强的解释效力，并且基本上呈现正向影响，且地方政府债务风险对金融压力溢出作用的主要源头为债务利差的波动。李程与刘雅欣④通过利用KMV模型计算包含显性和隐性债务在内的地方政府债务风险，对中国地方政府结构性债务风险的空间溢出进行了实证研究，发现中国地方政府债务风险总体以共生性为主，隐性债务导致的溢出效应更大。

少数学者分析了信息不对称对地方政府债务系统性风险形成的影响。吴

①　马万里，张敏．地方政府隐性举债对系统性金融风险的影响机理与传导机制［J］．中央财经大学学报，2020（3）：10-18．
②　牛霖琳，洪智武，陈国进．地方政府债务隐忧及其风险传导——基于国债收益率与城投债利差的分析［J］．经济研究，2016，51（11）：83-95．
③　马亚明，王若涵，胡春阳．地方政府债务风险对金融压力的溢出效应——兼论重大突发事件冲击的影响［J］．经济与管理研究，2021，42（9）：77-92．
④　李程，刘雅欣．空间经济学视角下的地方政府债务风险溢出效应研究［J］．云南财经大学学报，2022，38（11）：1-21．

盼文等①指出，由于投资者与消费者无法完全了解政府部分的财政信息，一旦个别政府债券出现问题，极易引发市场恐慌情绪，进而造成严重损失。刘骅和卢亚娟②指出，当前我国金融生态环境相对落后，信心无法实现完全透明，投资者无法全面了解平台资产、负债相关信息，这对金融体系的内部运行形成安全隐患，平台微观运行风险不断累积。

整体上，地方政府债务系统性风险内因形成机理可概括为在政绩利益驱动下③，地方政府债务超常规扩张④，地方政府杠杆率快速增加，地方政府与金融机构间业务关联关系愈加密切⑤，进而对银行信用发展产生消极影响，金融机构资产负债表恶化，不良贷款率增加⑥、金融机构偿付能力下降⑦等，严重时甚至会触发系统性金融风险发生⑧。

（二）外部风险因素与传染机理

系统性风险外因主要为经济周期性波动和政府政策干预。学者们就宏观经济外部因素对地方政府债务系统性风险的研究较少，且多为定性分析。方意等⑨提出，地方政府债务风险非常容易受政府监管政策的实施与外部冲击事件影响。地方政府债务风险对于国家监管政策的调整有很强的敏感性，监管

---

① 吴盼文，曹协和，肖毅，等.我国政府性债务扩张对金融稳定的影响——基于隐性债务视角［J］.金融研究，2013（12）：57+59-71.
② 刘骅，卢亚娟.转型期地方政府投融资平台债务风险分析与评价［J］.财贸经济，2016（5）：48-59.
③ 徐林，侯林岐，程广斌.财政分权、晋升激励与地方政府债务风险［J］.统计与决策，2022，38（12）：141-145.
④ 刘澜飚，陈晨，王博.举债权放松能否缓解地方政府债务风险［J］管理科学学报，2023，26（7）：76-105.
⑤ 许弟伟.地方政府债务风险的传导机制与协同治理［J］.宏观经济管理，2022（8）：57-64.
⑥ 赵尚梅，史宏梅，杜华东.地方政府在城市商业银行的大股东掏空行为——从地方政府融资平台贷款视角的研究［J］.管理评论，2013，25（12）：32-41.
⑦ ARELLANO C，KOCHERLAKOTA N R. Internal debt crises and sovereign defaults［J］. Journal of Monetary Economics，2014，68：68-80.
⑧ 周世愚.地方政府债务风险：理论分析与经验事实［J］管理世界，2021，37（10）：128-138.
⑨ 方意，黄杏，贾妍妍.地方政府债务风险溢出效应研究［J］.经济理论与经济管理，2023，43（3）：40-53.

政策的调整会造成城投债、地方债的风险发生变化。刘骅和卢亚娟①指出，在地方政府投融资平台风险不断累积背景下，一旦经济大幅下行，可能会触发债务危机。同时，宽松的货币政策环境导致平台杠杆率增加，一旦货币政策收紧，极易触发融资平台再融资危机。然而，土地作为宏观经济要素之一，并与地方政府债务具有密切关联，越来越多的学者们对土地与地方债务系统性风险进行了研究，本书第四部分详细阐述。

三、地方政府债务系统性风险度量研究

何（He）和陈（Chen）②基于截面维度构建了地方融资平台"银行—企业"二分网络，研究了地方融资平台系统重要性企业、地区，以及系统性风险传染路径，探讨了地方隐性债务系统性风险和区域性风险问题，发现融资平台网络呈现明显的地理集聚特征，系统性风险更易由局部地区的区域性风险引发。何芳等③在何和陈④研究基础上，构建了地方政府与银行之间的复杂网络，研究了地方政府债券网络整体性、结构性特征及系统性风险特征，发现地方政府债务系统性风险不断积蓄且愈加复杂。

部分学者对识别系统重要性地方政府债务进行了定量研究。魏加宁⑤提出基于规模、关联性、复杂性和跨区域性等多维系统重要性债务评价思想，但仅止步于此，缺少量化评价；王锋等⑥在魏加宁③的基础上，建立了系统重要

① 刘骅，卢亚娟. 转型期地方政府投融资平台债务风险分析与评价 [J]. 财贸经济，2016（5）：48-59.

② HE F, CHEN X. Credit networks and systemic risk of Chinese local financing platforms：Too central or too big to fail？ [J]. Physica A：Statistical Mechanics and its Applications，2016，461：158-170.

③ 何芳，滕秀秀，王斯伟. 地方政府债券复杂网络结构及系统性风险特征 [J]. 统计与决策，2020，36（4）：136-140.

④ HE F, CHEN X. Credit networks and systemic risk of Chinese local financing platforms：Too central or too big to fail？ [J]. Physica A：Statistical Mechanics and its Applications，2016，461：158-170.

⑤ 魏加宁. 地方政府债务风险化解与新型城市化融资 [M]. 北京：机械工业出版社，2014.

⑥ 王锋，高远，吴从新. 系统重要性地方政府债务的识别研究 [J]. 财经论丛，2018，231（3）：29-38.

性地方政府债务识别指标体系，运用熵值法和灰色关联分析法对系统重要性地方政府债务进行了识别，发现江苏、广东、山东、四川为系统重要性地方债务。李方方等①从"太大而不能倒"和"关联太紧而不能倒"两个维度，测度并评估系统重要性地方政府，填补了魏加宁③及王锋等④研究中对关联性评估不充分的问题，并发现两个维度综合确定的我国系统重要性地方政府名单更为符合系统重要性的要义。

四、土地市场与地方政府债务系统性风险关联研究

（一）土地财政与地方政府债务关系

国内学者已经认识到土地财政制度下，地方政府债务与土地财政密切关联，主要包括土地出让收入是地方政府基础设施建设重要资金来源、土地出让收入是地方政府重要偿债资金、向融资平台注入储备土地并通过土地抵押获取银行信贷以及承诺以土地出让收入作为担保和偿债来源发行地方债等②③④。由表 2.2 可以看出，土地出让收入是各级地方政府债务的主要偿债来源。例如江苏是 13 个省辖市、106 个县政府中 13 个市政府与 73 个县政府承诺以土地出让收入偿还地方债务。同时，29 个省份（新疆、西藏、港澳台除外）的 2014 年审计报告中，有 23 个省级审计部门均明确将"地方债依赖土地收入偿还"列入其中，其中浙江与天津高达 2/3 的政府债务依赖土地偿还，23 个省份中最少的也有 1/5 的政府债务依赖土地出让收入偿还（如表1.2）。

同时，为考察土地财政与地方政府债务的互动关系，学者们在事实分析的基础上，采用实证分析方法对两者的统计学关系进行了大量分析。

---

① 李方方，魏伟，王周伟. 系统重要性地方政府综合识别研究——基于个体风险与信息传染风险视角 [J]. 财经理论与实践，2020，41（1）：78-85.
② 世界银行城市化与土地制度改革课题组. 城市化、土地制度和经济可持续发展：以土地为依托的城市化到底能持续多久？[Z]. 世界银行，2005.
③ 孙国伟，孙立坚. 地方财政搭便车、财政货币承诺与地方债务治理 [J]. 世界经济研究，2013（2）：9-15，87.
④ 张莉，年永威，刘京军. 土地市场波动与地方债——以城投债为例 [J]. 经济学（季刊），2018，17（3）：1103-1126.

表 1.2 我国 23 个省份土地偿债情况（截至 2012 年年底）

省份	统计口径①	土地偿债规模（亿元）	规模排名	土地偿债占比②（%）	依赖度排名
浙江	省、市、县政府	2739.44	2	66.27	1
天津	市政府	1401.85	11	64.56	2
福建	省本级、8 个市本级、67 个县政府	1065.09	12	57.13	3
海南	省本级、2 个市级、12 个县政府	519.54	21	56.74	4
重庆	市本级、36 个区县政府	1659.81	9	50.89	5
北京	市本级、14 个区县政府	3016.27	1	50.50	6
江西	11 个市级、90 个县级政府	1022.06	13	46.72	7
上海	市级和 16 个区县	2222.65	4	44.06	8
湖北	13 个市级、72 个县级政府	1762.17	7	42.99	9
四川	18 个市级、111 个县级政府	2125.65	5	40.00	10
辽宁	13 个市级、49 个县级政府	1983.2	6	38.91	11
广西	自治区、市、县	739.4	17	38.09	12
山东	14 个市本级、81 个县本级政府	1437.34	10	37.84	13
江苏	13 个市级、73 个县级政府	2444.96	3	37.48	14
安徽	16 个市级、78 个县级政府	652.88	15	36.10	15
黑龙江	8 个市级、18 个县级政府	901.99	18	35.24	16
海南	14 个市级、96 个县级政府	942.42	14	30.87	17
广东	19 个市级、63 个县级政府	1670.95	8	26.99	18
陕西	10 个市级、32 个县级政府	631.86	19	26.73	19
吉林	6 个市级、18 个县级政府	586.16	20	22.98	20
甘肃	10 个市级、28 个县级政府	206.54	23	22.40	21
河北	11 个市级、59 个县级政府	795.52	16	22.13	22
山西	6 个市级、10 个县级政府	268.94	22	20.67	23

　　资料来源：中国经济研究院与《中国经济周刊》：我国 23 个省份土地偿债在地方政府负有偿还责任债务中占比排名（数据截至 2012 年年底）。

---

① 承诺以土地出让收入为偿债来源的各级政府。

② 具体指土地偿债在政府负有偿还责任债务中占比。

多数学者认为土地财政对地方政府债务存在正向影响。戴双兴和朱新现①选择福建省 9 地市数据研究发现土地财政与城投公司债务规模互相呈正向关系。张曾莲和王艳冰②实证研究发现土地出让金收入越多，地方政府银行贷款与地方政府债务也越多。杨继东等③实证发现通过抵押品机制土地出让显著影响城投债增长。陈浩④认为土地财政膨胀在经济繁荣时引发城投公司过度借债。孙建飞和袁奕⑤发现地方政府土地出让金的规模越大，土地抵押贷款也就越多。范剑勇和莫家伟⑥发现地方政府持续积极举债的重要原因是可以通过压低工业用地价格吸引投资。郑宇驰⑦发现当地价越高时，地方政府更倾向于用土地抵押获取信贷。田新民和武晓婷⑧发现，土地财政融资的方式致使地价上升，反过来又增加地方政府借债动机。

一些学者认为土地财政对地方政府债务有负向影响。司海平等⑨与邵雪亚⑩认为，土地财政与地方债务收入均是地方政府财政收入重要组成部分，两者之间有着此消彼长的互补关系。何杨和王蔚⑪发现，土地出让金对政府债有

① 戴双兴，朱新现. 土地财政与地方融资平台债务的相互作用分析——传统城镇化融资模式的理论与实证 [J]. 福建师范大学学报（哲学社会科学版），2016（3）：18-25.
② 张曾莲，王艳冰. 土地财政、政绩利益环境与地方政府债务 [J]. 山西财经大学学报，2016，38（10）：13-25.
③ 杨继东，杨其静，刘凯. 以地融资与债务增长——基于地级市面板数据的经验研究 [J]. 财贸经济，2018，39（2）：52-68
④ 陈浩. 土地财政视角下的地方融资平台债务风险防范 [J]. 上海房地，2015（3）：44-47.
⑤ 孙建飞，袁奕. 财政分权、土地融资与中国的城市扩张——基于联立方程组计量模型的实证分析 [J]. 上海经济研究，2014（12）：50-59，89.
⑥ 范剑勇，莫家伟. 地方债务、土地市场与地区工业增长 [J]. 经济研究，2014，49（1）：41-55.
⑦ 郑宇驰. 土地价格变动对地方政府债务规模的影响研究 [J]. 价格理论与实践，2015（8）：70-72.
⑧ 田新民，武晓婷. 地方债务、土地市场和房价波动 [J]. 数量经济研究，2017，8（2）：49-65.
⑨ 司海平，魏建，刘小鸽. 土地财政与地方政府债务陷阱——基于发债动机与偿债能力的双重视角 [J]. 经济经纬，2016，33（4）：155-160.
⑩ 邵雪亚.“以地融资”视角下的地方政府债务及风险研究 [D]. 杭州：浙江大学，2014.
⑪ 何杨，王蔚. 土地财政、官员特征与地方债务膨胀——来自中国省级市政投资的经验证据 [J]. 中央财经大学学报，2015（6）：10-19.

负面效应，主要说明了土地财政收入与借债资金的互补性。个别学者认为土地财政对地方政府债务的影响是非线性的。李尚蒲等①发现，财政刺激政策实施前与实施后，土地市场化水平对城投债发行规模的影响由促进变为抑制。

整体上，学者们对土地财政与地方政府债务关联关系进行了较深入的研究。但在以下两个方面还存在不足：一是，现有关于土地财政和地方债关联的分析主要集中于两者间的事实关系与统计学关系，缺少理论性的基础研究与规范研究。二是，根据新法，地方政府债务分为一般债务与专项债务，并对应不同的融资机制与管理模式，因此原有的研究不能准确反映土地财政与一般债务与专项债务间准确且全面的关联关系。

（二）土地价格、土地财政与地方政府债务系统性风险关系

部分学者关注到了土地因素对诱发地方政府债务系统性风险具有重要作用。刘琦②指出，地方政府债务风险内生于地方政府所主导的"异地谋发展"的经济模式。吴盼文等③指出，经济下行期，房价下跌使得土地出让金和房地产相关财税收入降低，地方政府债务违约风险上升，进而降低金融机构资产质量。何芳等④认为，经济发展已经由生产要素驱动转为资本货币驱动，高杠杆周期特征显著，债务不断增长，风险不断加剧。如果经济进入减速周期，同时去杠杆货币紧缩，房地产价格下降，土地财政收入减少，则政府债务未来存在着偿债资金不济、偿债能力下降，债务风险暴露，且经过地方政府债券网络拓扑结构传播和放大，最终形成整体网络的系统性风险。陈熙⑤认为，对于地方融资平台，由于平台公司对土地的投资行为高度趋同，累积的不可分散风险增加，土地市场的大幅度下行会引发融资平台的系统性风险，并沿着土地市场价格波动及供求流动性变化这一路径，提出土地市场对地方融资

---

① 李尚蒲，罗必良，何勤英．土地市场化是否推动城投债发行［J］．经济评论，2017（4）：106-117.

② 刘琦．地方政府债务风险：生成机制与规制路径［J］学术界，2023（11）：81-91.

③ 吴盼文，曹协和，肖毅，等．我国政府性债务扩张对金融稳定的影响——基于隐性债务视角［J］．金融研究，2013（12）：57，59-71.

④ 何芳，滕秀秀，王斯伟．地方政府债券复杂网络结构及系统性风险特征［J］．统计与决策，2020，36（4）：136-140.

⑤ 陈熙．土地市场对地方融资平台系统性风险传染效应研究——基于复杂网络模型［D］．上海：同济大学，2016.

平台的风险传染包括抵押品价值、资本金及流动性三个渠道，发现过度依赖土地市场的平台，当地价向下波动，经由抵押品渠道引起平台违约，由资本金渠道对平台再融资能力和资产负债表状况产生显著影响，进一步引发更大规模的违约现象。同时，流动性渠道的存在也对平台系统性风险传染产生放大效应。范徽[1]在陈熙[2]基础上，就土地市场波动对城投公司信用风险的传导路径不仅加入了关联地方政府信用的土地风险间接传导路径，而且指出土地市场与宏观环境交互作用对城投公司信用风险的传导路径。李玉龙[3]根据地方政府债券的特点，以土地财政为切入点，分析了地方债务风险诱发系统性风险的机理。发现外生冲击导致经济总产出下降，土地需求降低，土地价格下跌，政府相关收入减少，政府投资减少，政府偿债压力与债务风险增加，债券价格下降，金融体系资产负债表损失，系统性风险增加。当经济形势继续下行，金融机构增持地方债券，由此带来的信贷挤出效应会进一步降低企业投资，经济总产出和土地土壤收入进一步减少，导致债务风险和金融风险间形成恶性循环。

整体上，学者们逐渐由地方债务非系统性风险（包括流动性风险、信用风险、操作风险等）的研究转向地方债务系统性风险的研究。然而，现有文献中关于后者的研究还是较少。分析其中原因，较多学者认为，中国现行财政体制下，地方政府债务违约事件不会发生，自然不存在地方政府债务系统性风险一说。本书认为，学者们存在上述疑惑的关键在于：首先，将地方政府债务系统性风险存在与爆发混为一谈。较多学者们认为，地方政府债务系统性风险只有爆发，并给整个金融体系造成灾难性的损失，研究地方政府债务系统性风险问题才有意义。然而，地方债务系统性危机只是地方政府债务系统性风险经历较长时间累积后爆发的一种结果和表现形式，而连续不间断的累积特性才是地方债系统性风险形成的核心。因此，认识地方政府债务系

① 范徽. 土地信用对城投公司信用风险传导与压力测试研究 [D]. 上海：同济大学，2020.

② 陈熙. 土地市场对地方融资平台系统性风险传染效应研究——基于复杂网络模型 [D]. 上海：同济大学，2016.

③ 李玉龙. 地方政府债券、土地财政与系统性金融风险 [J]. 财经研究，2019，45（9）：100-113.

统性风险的内涵、成因、特征与机制等远比引发危机本身更加重要。其次，对地方政府债务系统性风险爆发认识的局限性。人们往往直观地认为，只有一家或几家地方政府债务违约才会触发系统性危机，而忽略了触发地方政府债务系统性危机的其他系统性风险事件，如持有的共同资产价格泡沫的破裂、突然从紧的货币政策、财政政策或金融监管政策等。

目前，学术界对地方债务系统性风险问题的研究还存在以下不足：首先，地方债务系统性风险形成与传染研究，学者们主要集中于债务风险由地方政府向金融体系外溢，缺少地方政府间风险的传染研究。其次，现有文献中就土地风险触发地方政府债务系统性风险的研究较少，缺少对该问题深入、完整的分析。最后，地方政府债务系统性风险度量研究，现有文献对系统重要性地方政府的评估中，尽管综合考虑了规模因素和关联度因素，但由于未能很好地引入网络理论而难以考察系统性风险的动态传染效应。同时，数据方面，随着 2018 年年底政府债务置换工作基本完成，地方债券是地方政府唯一形式债务，但目前缺少基于地方政府债券数据的地方政府债务系统性风险实证研究。

第二节　理论基础

一、金融风险理论

对于风险的内涵，学者们主要从广义与狭义两个层面进行界定。前者指在一定条件与一定时期，今后的收益与损失发生变化的不确定性①，后者仅指未来发生损失的不确定性。通常情况下，风险多指狭义风险。同时，风险是一个二维概念，包括损失发生的大小与损失发生的概率两个方面②。

---

① 美国经济学家奈特在其著作《风险、不确定性和利润》中明确区分了"不确定性"和"风险"，其中不确定性表示人们根本无法预知的那些将来事件，而风险表示人们可知其概率分布的那些不确定性（一种可以根据过去推测未来的可能性）。

② 朱淑珍. 金融创新理论述评 [J]. 东华大学学报（自然科学版），2002（3）：129-131.

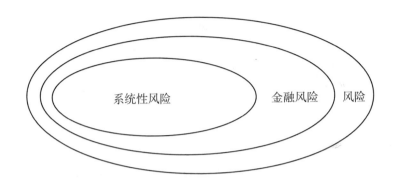

图 1.3 风险、金融风险与系统性风险关系

对于金融的内涵，学者们从不同的角度进行探究，提出了不同的说法，主要包括资金融通论、金融资源论、金融工具论等。其中，资金融通论提出的时间最早，应用也最为广泛，资金融通论认为金融就是通过货币流通和信用渠道以融通资金的经济活动①。

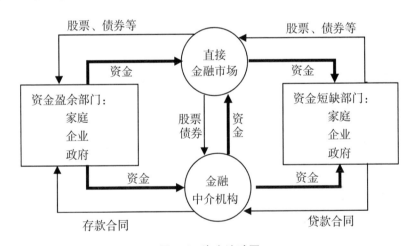

图 1.4 资金流动图

金融风险通常指给金融机构等参与者或整个金融系统带来损失的不确定性。金融风险主要分为系统性风险和非系统性风险（图 1.3）。其中，非系统

---

① 王绍仪．农村财政与金融［M］．北京：中国农业出版社，2002.

性风险指机构个体经营和风险管理能力存在差异，造成一家或几家金融机构遭受损失的不确定性，如信用风险、市场风险、流动性风险等。非系统性风险具有明显的个性特征，不足以对整个金融系统产生不利影响。而系统性风险是指可以给整个金融系统带来损失的不确定性。金融系统在实现将经济资源在不同时间和空间上进行转移的职能的同时，也为风险的传染提供了路径，所以图1.4所示的资金的流向也适用于风险的传染。当一个金融机构或多个金融机构受到严重损失，通过金融机构之间的连接，迅速波及与之相关的其他金融机构，导致对整个金融体系造成严重的冲击，便形成了系统性风险。

二、融资风险理论

融资是指资金短缺部门运用各种方式和手段进行的一系列资金融通活动。具体包括广义与狭义两个口径，从广义层面上，融资包括资金在资金短缺部门与资金盈余部门之间融入与融出。从狭义层面上，融资则仅指资金短缺部门对资金的融入，不包含资金的融出。

通常融资是指狭义层面上的融资。按照不同的标准融资可以划分为不同的形式，最常见的划分形式为内源融资与外源融资两种方式，如图1.5所示。前者是运用自有资金满足融资需求，后者是向企业以外的资金盈余部门筹集资金，满足融资需求。外源融资通常又分为直接融资与间接融资两种形式。前者是指资金盈余部门与资金短缺部门通过金融工具直接形成债权债务关系的资金融通活动，其中常见的金融工具包括股票、债券及商业票据等。后者是指资金盈余部门与资金短缺部门通过金融中介机构实现资金融通活动。

融资风险是指企业不能按时偿还到期债务本息或使股东权益遭受损失的可能性。企业的资金融通活动满足了企业的资金需求，但同时也为风险在资金盈余部门与资金短缺部门间的传染提供了路径，导致债权人权益存在损失的不确定性。常见的融资风险包括支付风险与财务杠杆风险。根据支付风险产生的原因不同，支付风险又分为现金性支付风险和收支性支付风险。现金性支付风险是一种个别风险，与企业收支是否盈余无直接关系。收支性支付风险是一种集体风险，主要是由企业理财不当或盈利能力降低引起的。企业适度负债，不仅可以带来节税利益和财务杠杆效用，还可以降低企业的总资

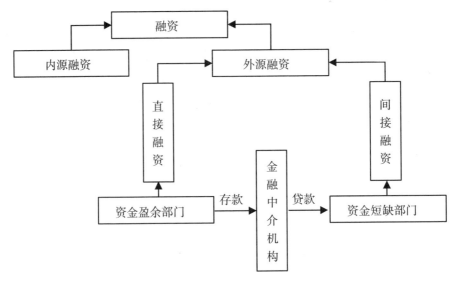

图 1.5 企业融资形式示意图

本成本率，优化企业的资本结构。但是，随着负债比率的不断增加，当债务资本带来的收益小于其成本时，负债就会给股东权益带来损失，甚至引发财务杠杆风险。

三、网络理论

（一）复杂网络理论概述

复杂网络是不同于规则网络与随机网络的一种类型的网络。现有关于复杂网络的研究始于数学家亚当斯（Adams）和莱昂哈德（Leonhard）① 对七桥问题的研究。复杂网络的概念尚未形成统一界定，众多研究中，钱学森先生对复杂网络的定义更具有代表性，认为复杂网络是具有部分或全部以下性质的网络，包括自组织、自相似、小世界、吸引子、无标度。总之，复杂网络是一种极度复杂的网络，通常表现为结构复杂、连接多样性、节点多样性、网络演化、动力学复杂性以及多重复杂性融合等。

---

① ADAMS C, LEONHARD E. The seven bridges of königsberg [J]. Mathematical Inteligencer, 2011, 33 (4): 18-20.

根据不同规则，复杂网络可以划分为多种类型。根据节点间的边是否存在方向以及是否存在权值，复杂网络包括无向网络与有向网络、赋权网络和无权网络；根据节点间关系的内涵，可以分为国际关系网、企业关系网等。本书研究的是针对地方政府债券承销关系所形成的网络，即地方政府债务网络或地方政府债券网络。

（二）复杂网络结构的统计指标

常见的复杂网络结构统计指标包括度、密度、聚类系数、最短路径等，具体分析如下。

1. 度和度分布

度是指与节点相连接的边的数量，平均度是指所有节点度的平均值。度与平均度是描述节点最基本、最简单的静态指标。给定网络 G 的邻接矩阵 $A = (a_{ij})_{N \times N}$，则有

$$k_i = \sum_{j=1}^{N} a_{ij} = \sum_{j=1}^{N} a_{ji} \qquad (1.1)$$

$$\langle k \rangle = \frac{1}{N} \sum_{i=1}^{N} k_i \qquad (1.2)$$

其中，k_i 为节点 i 的度，$\langle k \rangle$ 为平均度，N 为网络规模。

对一个网络中节点度值的总体描述称为度分布。随机网络和小世界网络模型的度分布服从泊松分布，无标度网络服从幂律分布（图1.6）：

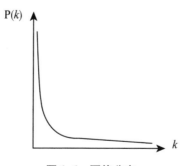

图 1.6 幂律分布

$$P\ (k)\ \sim k^{-\gamma} \qquad (1.3)$$

其中，γ 为幂指数，取值一般为 2~3。

2. 密度

对于无向网络，若节点为 n 个，则网络中边数最大理论值为 $n(n-1)/2$，若网络中实际边数为 m，则密度为 $m/[n(n-1)/2] = 2m/[n(n-1)]$。

对于有向网络，其包含的边数理论最大值是 $n(n-1)$，则该网络的密度为 $m/[n(n-1)]$。

3. 聚类系数

所谓聚类系数就是该节点邻居也是邻居的比例，节点 i 的聚类系数 C_i 为

$$C_i = \frac{E_i}{[k_i(k_i-1)]/2} = \frac{2E_i}{k_i(k_i-1)} \tag{1.4}$$

其中，E_i 是网络中真实存在的边的个数，显然 $0 \leqslant C_i \leqslant 1$。

网络中所有节点的聚类系数的平均值定义为一个网络的聚类系数 C，即

$$C = \frac{1}{N} \sum_{i=1}^{N} C_i \tag{1.5}$$

4. 最短路径、平均路径和网络直径

节点 i 与 j 的最短路径指连接 i 与 j 的边数最低的路径，i 与 j 的距离 d_{ij} 指 i 与 j 的最短路径上的边数。平均路径长度 L 指任意两节点最短路径的均值，如式（1.6）。网络直径 D 指任意两节点间距离最大值。

$$L = \frac{1}{\frac{1}{2}N(N-1)} \sum_{i>j} d_{ij} \tag{1.6}$$

5. 中心性

中心性研究了个体或群体在网络结构中的权利或中心地位[①]。常见的中心性指标包括度数中心性、接近中心性和介数中心性，具体如表 1.3。

---

① COSTA L F, OLIVEIRA O N, TRAVIESO G, et al. Analyzing and modeling real-world phenomena with complex networks: a survey of applications [J]. Advances in Physics, 2011, 60 (3): 329-412.

表 1.3 网络中心性介绍

含义		计算
度数中心性	与节点直接相连的其他点数目	绝对度数中心度：$C_{AD_i} = i$ 的度数 相对度数中心度：$C_{RD_i} = \dfrac{i \text{ 的度数}}{n-1}$
介数中心性	节点在网络中各路径的重要程度	$C_{AB_i} = \sum\limits_{j}^{n} \sum\limits_{k}^{n} b_{jk_i}$，$j \neq k \neq i$，$j < k$ 介数：$b_{jk_i} = \dfrac{g_{jk_i}}{g_{jk}}$，$g_{jk}$：点 j，k 间最短路径数目
接近中心性	节点和其他节点距离大小	绝对接近中心度：$C_{AP_i}^{-1} = \sum\limits_{j=1}^{n} d_{ij}$ 相对接近中心度：$C_{BP_i}^{-1} = \dfrac{C_{AP_i}^{-1}}{N-1}$， d_{ij} 为点 i，j 间最短路径距离

6. k-核（k-core）

k-核是凝聚子群中的一种形式。目前凝聚子群尚未形成比较明确的定义。大体上说，凝聚子群是集合中的一个子集合，该子集合内的节点具有相对较直接、密切或积极的关系。凝聚子群根据理论思想和计算方法的不同，还包括 n-派系，n-宗派，k-丛等形式。k-核是指当一个节点属于 k-核子图，但不属于（k+1）-核子图，那么该节点核心为 k。Seidman 最先提出了 k-核算法，具体而言，当网络中节点的度为 k，则剔除该节点以及其所有连边，直至获取剩余的子图[①]。

（三）几种常见的网络

1. 规则网络

规则网络是指每个节点均拥有相同节点度的一种网络。最常见的规则网络有以下四种，如图 1.7 所示。

---

① SEIDMAN S B. Network structure and minimum degree ［J］. Social Networks, 1983, 5 (3): 269.

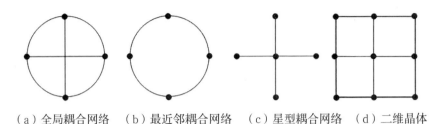

（a）全局耦合网络　（b）最近邻耦合网络　（c）星型耦合网络　（d）二维晶体

图 1.7　规则网络

全局耦合网络是指网络中任意两个节点之间都有边连接的网络，如图 1.7（a）所示。全局耦合网络具有小世界性和聚类性，但由于网络中边过于聚集，在模拟实际网络时存在明显的局限。最近邻耦合网络指网络中任意一节点仅与其周围的 K 个邻居相连，如图 1.7（b）所示。该网络不具有小世界性，因此，也存在明显的缺陷。星型耦合网络是有一个中心点，剩余的点均只和中心点连接的网络，如图 1.7（c）所示。星型耦合网络具有聚类性和小世界性。星型耦合网络是一种特殊的规则网络，它的中心节点的度并不为 1，而是 $N-1$。晶体网络是指四方晶体，如图 1.7（d）所示，晶体网络和最近邻耦合网络具有相同的性质。

2. 随机网络

随机网络与规则网络相对。网络中任意两个节点以概率 p 相连即构成一个典型的 ER 随机图（图 1.8）。ER 随机图的平均度 $k=p(N-1)\approx PN$，平均路径长度为 $L_{ER}\propto \ln N/\ln k$，当 p 趋于 1 时，随机网络趋于全局耦合网络。

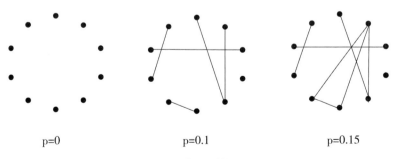

p=0　　　　　　　　p=0.1　　　　　　　　p=0.15

图 1.8　ER 随机网络图（$N=10$）

3. 小世界网络

1998 年，瓦茨（Watts）和斯特罗加茨（Strogatz）[1] 最早提出小世界模型，即 WS 小世界模型。WS 小世界网络以规则网络为基础，以概率 p 对原始的边随机重连[2]，促使新的网络兼具小世界特性与聚类性（图 1.9）。

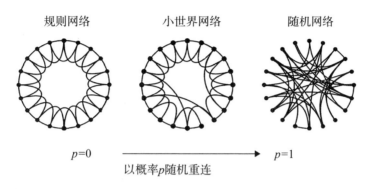

图 1.9　WS 小世界网络模型

根据上述 WS 小世界模型构造过程可以看出，这种构造小世界网络的方法剔除了原本节点间形成环的边，破坏了网络的连通性。基于此，1999 年，纽曼（Newman）和瓦茨（Watts）[3] 提出了 NW 小世界模型。

由图 1.9WS 小世界模型构建过程可以看出，这种构造小世界网络的方法剔除了原本节点间形成环的边，破坏了网络的连通性。基于此，1999 年，纽曼和瓦茨[1]通过随机增边的方法提出了另一种小世界网络，称为 NW 小世界模型。在规则网络基础上，以概率 p 决定是否在任意两个节点之间增加一条边，与此同时引入了随机性与长程连接，进而使网络具有了小世界性（图 1.10）。

---

[1]　WATTS D J, STROGATZ S H. Collective dynamics of "small-world" networks [J]. Nature, 1998, 393（6684）: 440-442.

[2]　这里是先切断规则网络中原始的边，然后再随机选择新的端点重新连接，原来规则网络直到最后的随机网络过程中边的数量不变（如果随机选择的新端点形成的连接是原来就有的，则边的数量减少），这种构造方法形成的小世界网络也称为边重配小世界模型。

[3]　NEWMAN M E, WATTS D J. Scaling and percolation in the small-world network model [J]. Physical Review E Statistical Physics Plasmas Fluids & Related Interdisciplinary Topics, 1999, 60（6）: 7332-7342.

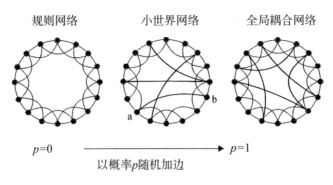

规则网络　　　　　小世界网络　　　　全局耦合网络

$p=0$　　　　以概率p随机加边　　　　$p=1$

图 1.10　NW 小世界网络模型

4. 无标度网络

巴拉巴斯和阿尔伯特[①]最早提出了一个无标度网络模型，被称为 BA 模型，具体指网络中节点连接度缺乏明显特征长度的网络（如图 1.11）。无标度网络的连接度符合幂律分布，其中具有较多连接度的点被称为 Hub 节点，Hub 点对无标度网络发挥着决定性的作用。

图 1.11　无标度网络模型

四、金融脆弱性理论

现有学者对金融脆弱性的理解主要包括狭义与广义两个视角。狭义上的金融脆弱性是指金融机构和相关贷款人的行业经营特点促使他们具有天然的内在

---

① BARABáSI A L, ALBERT R, JEONG H. Mean-field theory for scale-free random networks [J]. Physica A, 1999 (272): 173-187.

不稳定性。这种行业经营特点包括高负债经营、期限错配、信息不对称等。广义上的金融脆弱性则指一种趋于高风险的金融状态。可以看出，前者强调金融机构与金融市场内在不稳定的特性，后者强调金融领域的一种高风险状态特征。

现有关于金融脆弱性的学说，最具权威解释的是明斯基（Minsky）的金融脆弱性假说理论①②③④。明斯基从企业角度对金融内在脆弱性问题做了全面阐述。明斯基以资本主义繁荣与萧条长波理论为基础，在凯恩斯的投资不稳定框架中，融入了费雪的"债务—通货"紧缩理论，通过对企业上述债务融资模式独特的分类，解释了金融体系具有内在的脆弱性。根据明斯基的研究，借款企业的融资方式按风险级别高低可划分为三类：第一类是对冲性融资，债务人预期从融资合同中获得的收入能偿付利息和本金；第二类是投机性融资，债务人预期从融资合同中获得的收入只能偿付利息；第三类是庞氏融资，债务人预期从融资合同中获得的收入连偿付利息都不够，需要靠出售资产或者再借新钱来偿付利息和本金。明斯基认为，在新周期初期，多数企业都采用对冲式融资方式，随着经济的发展，投资者追求更高利益，纷纷扩大借款，投机性融资和庞氏融资的比重会大幅度上升，导致金融脆弱性越来越高。一旦经济进入下行阶段，任何切断资金流入的突发事件都将触发企业违约倒闭，明斯基时刻到来⑤⑥。明斯基的金融脆弱性假说⑦是并不依靠外生的冲击来产生剧烈程度不同的商业周期。明斯基⑧指出，代际遗忘与竞争压力是解释金融体系内生脆弱性特征的两个主要原因。也就是说金融内在脆弱性

① MINSKY H P. Inflations, recession and economic policy [M]. Columbia：Columbia University Press, 1982.
② MINSKY H P. The evolation of financial institutions and the performance of the economy [J]. Journal of Economic Issues, 1986, 20 (2)：345-353.
③ MINSKY H P. The financial instablity hypothesis [J]. The Jerome Levy Economics Institute Working Paper, 1992.
④ MINSKY H P. John Maynard Keynes [M]. Columbia：Columbia University Press, 1975.
⑤ 黄金老. 论金融脆弱性 [J]. 金融研究, 2001 (3)：41-49.
⑥ 伍志文. 中国金融脆弱性：综合判断及对策建议 [J]. 国际金融研究, 2002, 19 (8)：9-17.
⑦ 李拉亚. 宏观审慎管理的理论基础研究 [M]. 北京：经济科学出版社, 2016：38-42.
⑧ MINSKY H P. Inflations, recession and economic policy [M]. Columbia：Columbia University Press, 1982.

是现代金融系统存在的内生属性，是引发系统性风险的内在根源。可以看出，金融脆弱性理论是从内因层面，从金融体系与实体经济的相互反馈作用的角度阐释系统性风险形成的原因①。这种相互反馈正是所谓的顺周期性。

五、风险传染理论

如图 1.12 所示，风险传染包括传染源、传染载体、传染节点和传染对象四个要素。首先，风险源是风险传染的起源，有了风险源，风险才能开始对外进行扩散。及时准确识别风险源是控制风险的重要途径之一。其次，传染载体是风险传染的纽带和桥梁，是"小冲击"演变为"大危机"的基础。常见的风险传染载体有资金、技术、信息、信用等，当风险在这些载体内运动时，会分别形成资金风险流、技术风险流、信息风险流和信用风险流等。再次，传染节点是指风险传染过程中系统内部与外界风险相互作用，以及风险流交叉积聚所形成的大量结合点。传染节点与外界风险直接作用，处理得当，风险由系统内部向外界释放，有利于化解风险；处理不当，风险由外界进入系统内部，导致风险在风险节点积聚，最终扩散至风险接受者。最后，风险接受者是风险的承受者，既可以是公司自身，也可以是其他公司。总体而言，在风险源的持续作用下，当风险积聚到一定临界值，风险的接受者无法化解时，风险转化成风险接受者，巨大的损失释放出来。这些损失又会形成新的风险源，再次进行扩散，从而导致系统更大规模的损失②。

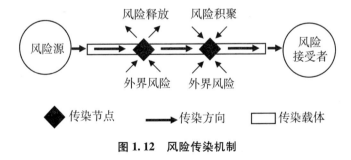

图 1.12　风险传染机制

---

① 丁灿. 系统性金融风险演进与风险抑制研究［D］. 南京：南京农业大学，2012.

② 石友蓉. 风险传导机理与风险能量理论［J］. 武汉理工大学学报（信息与管理工程版），2006（9）：48-51.

六、宏观审慎理论

表1.4　宏观审慎监管与微观审慎监管的区别

	宏观审慎监管	微观审慎监管
监管目标	防范系统性风险	防范单个金融机构的风险
最终目的	避免宏观经济波动	保护消费者（投资者或存款人）利益
风险特点	（一定程度上）内生	外生
机构间相关性	金融机构间密切相关	金融机构间无关
政策工具	与系统性风险相关，自上而下方法	与单个机构风险相关，自下而上方法

资料来源：BORIO C. Towards a macroprudential framework for financial supervision and regulation［J］. CESifo Economic Studies，2003，49（2）：181-215.

　　从制度框架看，审慎监管可以分为宏观审慎管理和微观审慎监管（表1.4）。其中，微观审慎监管主要是针对单个金融机构，其目的是防范单个金融机构的破产倒闭。2008年全球金融危机的爆发向学术界与监管层展示了微观审慎监管对系统性风险防范作用十分有限，我们应该更加注重宏观审慎管理和系统性风险防范①②。

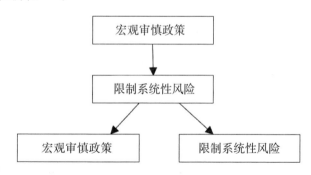

图1.13　宏观审慎政策的目标

资料来源：ECB. Financial Stability Review［R］. June，2010.

---

① G20. G20 working group 1：enhancing sound regulation and strengthening transparency［R］. 2009.

② FSF，BCBS. Assessing the macroeconomic impact pf the transition to stronger capital and liquidity requirements［R］. Interim Report，2010.

克罗克特（Crockett）① 最早提出了宏观审慎监管的内涵，认为宏观审慎性监管的对象是整个金融体系，目标是控制金融危机成本。博里奥②则进一步提出防控系统性风险属于宏观审慎的直接目的，宏观审慎监管的最终目的是避免宏观经济遭受重大损失。此后，关于宏观审慎监管的研究大多是以克罗克特①和博里奥②的观点为蓝本进行阐述的。

表 1.5　宏观审慎监管的不同维度

	截面维度	时间维度
资本监管	降低系统重要性机构倒闭的可能性	在整个信用周期作用于金融体系的净杠杆
	为降低溢出效应提供激励	为限制过度信贷提供激励
流动性监管	降低银行间市场流动性窖藏的概率	在整个信贷周期作用于金融体系净期限错配
	为更稳健的融资网络提供激励	为缩短过度期限错配提供激励

资料来源：Bank of England（2009）.

根据博里奥③提出宏观审慎监管的时间与截面④⑤的双重维度，宏观审慎监管的政策工具主要包括两类（表1.5）：一是，就时间维度上顺周期性下金融体系脆弱性不断增加实行逆周期监管政策，削弱金融失衡随时间的累积。

---

① CROCKETT A. Marrying the micro-and macroprudential dimensions of financial stability ［R］. BIS Speeches, 21 September, 2000.

② BORIO C. Towards a macroprudential framework for financial supervision and regulation ［R］. BIS Working Papers, 2003.

③ BORIO C. Towards a macropruden tial framework for finangal supervision and regulation ［R］. BIS Working Papers, 2003.

④ ACHARYA V V. A theory of systemic risk and design of prudential bank regulation ［J］. Journal of Financial Stability, 2009, 5（3）：224-255.

⑤ CALOMIRIS C W. Banking crises and the rules of the game ［J］. Social Science Electronic Publishing, 2009.

如资本缓冲机制①②③、贷款价值比率④、前瞻性的贷款损失拨备等。二是，就截面维度上机构相关性和系统重要性机构实施资本附加、风险隔离等⑤。

① ADRIAN T, BRUNNERMEIER M. CoVar [R]. Federal Reserve Bank of New York Staff Reports, 2007.
② ACHARYA V, RICHARDSON M. Restoring financial stability: how to repair a failed system [M]. Hoboken, New Jersey: John & Sons, 2009.
③ GOODHART C. The boundary problem in financial regulation [J]. National Institute Economic Review, 2008, 206 (1): 48-55.
④ BORIO C, FURFINE C, LOWE P. Procyclicality of the financial system and financial stability: Issues and policy options [J]. BIS papers, 2001, 1 (3): 1-57.
⑤ 巴曙松，王璟怡，杜婧. 从微观审慎到宏观审慎：危机下的银行监管启示 [J]. 国际金融研究, 2010 (5): 83-89.

第二章

地方政府债务系统性风险内涵与累积机理

第一节　地方政府债务构成与发展

一、地方政府债务内涵

根据法律责任主体的不同，"政府性债务"分为负有偿还责任的债务、负有担保责任的债务以及可能承担一定救助责任的债务①。政府及其组成部门对第一项债务负有法律偿还责任，对后两项债务不负有法律偿还责任，因此，相比于第一项属于"政府债务"，后两项债务属于"政府或有债务"。可以看出，政府性债务比政府债务的覆盖范围更广。相应地，地方政府性债务可分为地方政府债务和地方政府或有债务（图2.1）。

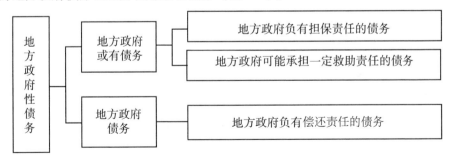

图 2.1　地方政府债务与地方政府性债务关系

---

① 具体见 2013 年审计署发布的全国政府性债务审计结果第 32 号公告。

本书仅对地方政府性债务中的地方政府债务，也就是地方政府负有偿还责任的债务进行相关问题的研究。

二、地方政府债务构成

根据债务形式划分，地方政府债务可分为债券形式的和非债券形式的地方债务，如图 2.2 所示。新《中华人民共和国预算法》实施后，地方债券成为地方政府唯一法定举借形式。同时，随着非债券形式存量债务置换工作的推进，地方债券逐渐成为地方债务主要形式，而非债券形式的政府债务逐渐消失。

根据偿债资金来源分，地方政府债券可分为一般债券与专项债券（图 2.2）。其中，前者指省、自治区、直辖市政府为没有收益的公益性项目发行的债券。后者指省、自治区、直辖市政府为有一定收益的公益性项目发行的债券。目前，已经推出的专项债券包括土地储备类、棚改类等，专项债券为地区基础设施投资建设提供了资金，对稳定地区经济增长具有重要作用。

根据资金用途划分，地方政府债券又可分为置换债券、再融资债券和新增债券（图 2.2）。其中，置换债券用于替换原来非债券形式的政府存量债务，故置换债券的发行未降低债务规模，只改变了债务存在形式。2015 年，我国正式启动地方债置换活动，以政府的名义发行成本较低、期限较长的债券置换原有的存量债务，置换债券的发行对规范地方政府债务管理、优化债务期限结构、缓解债务风险有重要意义。再融资债券用于偿还到期的地方政府债务，故再融资债券的发行也没有改变债务规模。新增债券是相对"以新换旧"的置换债券与再融资债券而言的。新增债券又包括新增一般债券与新增专项债券。根据相关规定，新增一般债务限额与新增专项债务限额分别按照一般公共预算、政府性基金预算单独测算，且每年新增债券发行规模不得超过财政部下达的本地区新增债务限额。通常，对于地方政府财政实力强与地方政府债务管理绩效好的地区，其新增债务限额多安排，反之，对于财政实力弱与债务管理绩效差的地区，其新增债务限额少安排或不安排。

三、地方政府债务发展

地方政府债务的产生，无非是因为财政收入难以满足其财政支出需求而

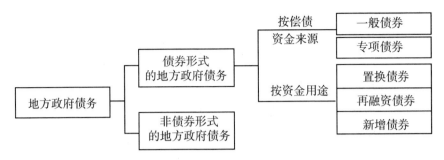

图 2.2　地方政府债务构成

发生的。从 20 世纪 80 年代开始，地方干部晋升标准由经济绩效指标替换了原来的纯政治指标，地方干部均处于政治晋升锦标赛中①②③，这极大程度上增加了地方政府融资需求，激发了地方政府拓宽财源、发展经济的内在动力。自此，地方政府债务应运而生。

新《中华人民共和国预算法》实施前，根据举借主体的不同，我国地方政府债务分为政府部门和机构举借的债务以及融资平台举借的债务。其中，地方政府部门和机构举借的债务规模较小，平台举借的债务规模较大，融资平台债务占据地方政府债务主导地位。新法实施后，平台等其他机构均被割断了政府融资功能，地方政府成为地方债务唯一举借主体。

本书主要从融资平台债务与地方政府债券两个方面，全面分析地方政府债务的发展与变迁。

（一）融资平台债务发展状况

依据融资平台举借债务规模及相关财政制度的关键节点，融资平台债务发展大致分为以下四个阶段。

1. 初步发展阶段（1979 年至 1994 年）

融资平台产生的大背景是 20 世纪 80 年代末至 20 世纪 90 年代初。1988

---

①　LI H, ZHOU L. Political turnover and economic performance: the incentive role of personnel control in China [J]. Journal of Public Economics, 2005, 89 (9-10): 1743-1762.

②　周黎安. 晋升博弈中政府官员的激励与合作——兼论我国地方保护主义和重复建设问题长期存在的原因 [J]. 经济研究, 2004 (6): 33-40.

③　周黎安. 中国地方官员的晋升锦标赛模式研究 [J]. 经济研究, 2007 (7): 36-50.

年，国务院发布通知，要求组建能源、交通等 6 个国家专业投资公司[1]。自此，融资平台公司应运而生。这一阶段的平台公司主要由政府相关部门组建，公司的资本金也主要来源于地方政府的财政拨款，其他资金来源于以政府财政为担保的金融机构借款，只有少数融资平台公司采用发债的方式进行直接融资。

2. 稳定发展阶段（1995 年至 2003 年）

1995 年，旧《中华人民共和国预算法》发布，旧法以法律形式禁止地方政府举债，地方融资渠道匮乏。1997 年，亚洲金融危机爆发，基础设施建设成为刺激经济、应对危机的重要举措，各地方政府为解决基础设施建设的资金短缺问题，开始大量组建自己的融资平台公司，融资平台逐渐发展壮大。然而，该阶段内，融资平台的融资渠道并未发生大的改变，银行信贷仍然是融资平台主要融资方式。

3. 繁荣发展阶段（2004 年至 2014 年）

2004 年，国务院出台了关于投资体制改革的决定，放松了对平台的管制，平台快速发展起来。2008 年年底，为应对全球经济危机，国务院提出 4 万亿元的刺激经济计划。其中，1.18 万亿元来源于中央财政资金，剩余部分资金则由地方政府配套解决。投资刺激政策公布后，金融机构均表示支持国家重点项目建设，平台贷款规模大幅上升。同年，央行和银监会联合提出支持地方政府组建融资平台，支持融资平台发行债券。以上政策推动融资平台银行信贷与城投债券规模上涨，城投公司的发展进入扩张的新阶段。据 Wind 数据库统计，截至 2013 年年底，各省城投债券规模总额为 1.33 万亿元，全国 84 个重点城市土地抵押贷款总额高达 7.76 万亿元。

4. 转型发展阶段（2015 年至今）

2015 年，新《中华人民共和国预算法》实施后，融资平台的融资功能被正式切断，并给予平台债务与政府债务进行切割的时间和通道。具体如国发〔2014〕43 号文[2]规定：地方政府不得通过企事业单位等举借债务；金融机构等不得违法违规向地方政府提供融资，不得要求地方政府违法违规提供担保；

---

[1] 详见国务院发布的《关于印发投资管理体制近期改革方案的通知》（国发〔1988〕45号）。

[2] 详见国务院发布的《关于加强地方政府性债务管理的意见》（国发〔2014〕43号）。

清理甄别地方政府发生 债务存量，对甄别后纳入预算管理的地方政府存量债务，各地区可申请置换为地方政府债券。同时，国务院、财政部和银监会也发布系列文件，明确规定平台新增债务不再属于地方债务范畴。

（二）地方政府债券发展状况

1985 年，国务院公布了《关于暂停不发行地方债券的通知》，禁止地方政府发行债券。1994 年，旧《中华人民共和国预算法》明确规定地方政府不得发行地方政府债券。2009 年，《政府工作报告》首次提出发行 2000.00 亿元地方债，自此，地方政府债券重新开始发展。我国地方政府债券发展历程详见表2.1。

表 2.1　地方政府债券发展历程

时间	发行主体	发行方式	还本付息	关键政策法规
2009 年代发代还	省级地方政府（含计划单列市）	财政部代理发行	财政部代办还本付息	《2009 年地方政府债券预算管理办法》
2011 年自发代还	上海、广东、浙江、深圳、江苏和山东6个试点地区	6 个试点地区自行组织	财政部代办还本付息	《财政部关于印发 2013 年地方政府自行发债试点办法的通知》
2014 年自发自还	增加北京、江西、宁夏和青岛四个试点地区，共计10 个试点地区	10 个试点地区自行组织	试点发债地区自行还本付息	《2014 年地方政府债券自发自还试点办法》
扩大后的自发自还	省、自治区、直辖市政府	自行组织	自行还本付息	2015 年开始实行的《中华人民共和国预算法》

值得注意的是，新《中华人民共和国预算法》实施后，我国地方政府债券自发自还完全放开，同时，地方政府债务管理也进入全新阶段。具体而言，国发〔2014〕43 号文规定：一般债务与专项债务收支分别被归于一般公共预算和政府性基金预算管理，如图2.3 所示。

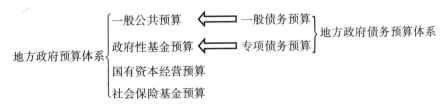

图 2.3　地方政府债务预算体系与地方政府预算体系关系图

第二节　地方政府债务风险分类与系统性风险内涵

一、地方政府债务风险及分类

根据金融风险理论，地方政府债务风险可分为地方政府债务系统性风险和非系统性风险（图2.4）。其中，地方政府债务非系统性风险指在既定的经济金融条件下，由于个体风险管理能力的差异，一个或有限个地方政府遭受损失的不确定性。地方政府非系统性风险包括信用风险、操作风险、市场风险、流动性风险等。地方债务非系统性风险具有明显的个体特征。而地方债务系统性风险指可以给地方政府与金融机构整体带来损失的不确定性。根据金融风险理论，地方政府债务系统性风险具有发生概率小但损失后果大的特点，本书研究的是地方政府债务系统性风险。

图2.4　地方政府债务系统性风险与地方政府债务非系统性风险

二、地方政府债务系统性风险内涵

结合第一章第一节第二部分文献梳理，可以看出，现有研究主要通过"系统重要性地方政府""系统重要性地方政府债务""地方债务风险对金融体系的外溢效应""地方债务扩张与系统性风险的触发机制""地方隐性债务诱发系统性风险""地方融资平台系统性风险"等表述对地方债务系统性风险问题进行研究。关于地方债务系统性风险的定义，一是从系统重要性地方政府与系统重要性地方政府债务的角度定义。魏加宁①借鉴系统重要性银行的概念，首次提出系统重要性地方政府债务的概念，并定义系统重要性地方政府债务：在地方债务中具有重要影响力，其爆发危机或破产可能会给其他政府、银行体系以及实体经济造成直接或间接负面影响的地方债务。王锋等②沿用了魏加宁③对系统重要性地方政府债务的界定。李方方等④则认为系统重要性地方政府应考虑"太大而不能倒"和"太关联而不能倒"两个方面，即需要综合考虑规模与关联性两个方面进行系统重要性地方政府识别。二是从地方政府隐性债务系统性风险的角度定义。陈熙⑤以地方融资平台为研究主体，以土地冲击为风险源进行研究，认为地方融资平台系统性风险指由土地市场价格波动、流动性冲击等风险因素引发的几家或多家融资平台违约，使银行体系遭受风险损失，并引起资金成本增加或资金可用性减少，继而导致土地市场及信贷市场剧烈波动和更大规模融资平台违约的可能。三是从地方政府显性债务系统性风险的角度定义。何芳等⑥⑦基于时间与截面两个维度对地方债务系统性风险进行界定，其中，时间维度上地方债务系统性风险指金融机构受地方政府违约及伴随着房地产泡沫冲击所形成的多米诺骨牌效应，截面维度上地方债务系统性风险指系统重要性节点或核心区域节点地方政府债务由于自身脆弱性引发初始风险，并经过网络拓扑结构传播和放大，最终形成地方政府债务整体网络的系统性风险。可以看出，现有研究尚未对"地方政府债

---

① 魏加宁. 地方政府债务风险化解与新型城市化融资 [M]. 北京：机械工业出版社，2014.

② 王锋，高远，吴从新. 系统重要性地方政府债务的识别研究 [J]. 财经论丛，2018，231 (3)：29-38.

③ 魏加宁. 地方政府债务风险化解与新型城市化融资 [M]. 北京：机械工业出版社，2014.

④ 李方方，魏伟，王周伟. 系统重要性地方政府综合识别研究——基于个体风险与信息传染风险视角 [J]. 财经理论与实践，2020，41 (1)：78-85.

⑤ 陈熙. 土地市场对地方融资平台系统性风险传染效应研究——基于复杂网络模型 [D]. 上海：同济大学，2016.

⑥ 何芳，滕秀秀，王斯伟. 地方政府债券复杂网络结构及系统性风险特征 [J]. 统计与决策，2020，36 (4)：136-140.

⑦ 何芳，滕秀秀，陈熙. 土地市场对地方政府性债务风险压力与系统性传染效应研究 [M]. 上海：同济大学出版社，2019.

务系统性风险"内涵形成一致看法。

本书中的地方政府债务系统性风险指由土地市场波动共同冲击引起的，导致具有系统重要性的某个或某地区地方债务损失传染给其他地方政府以及金融机构，最终致使地方政府和金融体系全部崩溃的不确定性。

第三节　地方政府债务系统性风险累积机理

一、地方政府债务系统性风险一般演进过程

本书借鉴张晓朴①、苏明政②对系统性风险一般演进过程的划分，将地方政府债务系统性风险演进也划分为累积、爆发与传染三个阶段，具体如图 3.5 所示。

（一）累积阶段

地方债务系统性风险累积是一个漫长的过程，而爆发只是地方债务系统性风险的一个特殊阶段和特殊状态。地方政府债务系统性风险可以在较长时期内累积且具有较强的隐匿性，在地方债务系统性风险爆发前，各机构、市场正常运转，地方政府债务系统性风险不对其他地方政府和金融机构产生明显的影响。然而，地方政府债务系统性风险一旦触发，可能迅速传染至其他地方政府与金融机构，最终引发潜在的金融波动。同时，在累积阶段，地方政府债务系统性风险传染已初见端倪。具体表现为，随着地方政府债务系统性风险累积，地方政府间、金融机构间以及地方政府与金融机构间的关联性也在发生变化，这也为地方政府债务系统性风险爆发后的风险传染提供了渠道。

---

① 张晓朴. 系统性金融风险研究：演进、成因与监管 [J]. 国际金融研究，2010（7）：58-67.

② 苏明政. 我国系统性金融风险的测度、传染与防范研究 [D]. 大连：东北财经大学，2014.

（二）爆发阶段

当地方政府债务系统性风险累积到一定的临界值，地方政府整体或部分遭受某种突发的负向冲击（如某一地方政府破产、土地资产价格暴跌等）便会成为地方债务系统性风险爆发的导火索，导致地方债务系统性风险爆发，进而地方债务系统性风险转化为地方债务系统性危机，即"明斯基时刻"到来。值得注意的是，相对于地方债务系统性风险累积阶段的隐匿性，地方债务系统性风险爆发阶段的特征较明显，尤其是爆发的事中和事后阶段较易识别。

（三）传染阶段

地方债务系统性风险一旦触发，可能迅速传染至其他地方政府以及金融体系，这与前文提到的地方政府债务系统性风险累积阶段的传染既有区别又有关联。一方面，地方政府债务系统性累积阶段中的风险传染为爆发后的风险传染提供了扩散途径。另一方面，相对于累积阶段的传染，爆发阶段的传染强度更大、范围更广、破坏力更大、传播速度也更快。根据文献第一章第一节第一部分可知，地方政府债务系统性风险主要分为三类：宏观冲击传染、业务关联传染与恐慌蔓延传染。

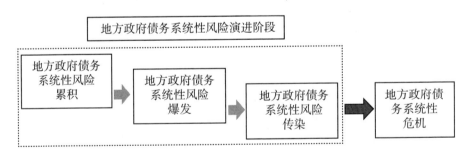

图 2.5　地方政府债务系统性风险一般演进过程

二、时间维度上地方政府债务系统性风险累积分析

金融危机后，学者们及监管层一致认为，系统性风险主要表现为以下两个维度：一是时间维度上金融体系的顺周期风险，具体为外部正向初始冲击下，金融机构的内生脆弱性，市场行为高度趋同，导致不可分散的风险增加，进而导致系统性风险累积并最终爆发。二是截面维度上机构间的传染风险，

具体包括两个问题，在负向冲击下，哪一个地方政府部门最可能触发系统性风险以及系统性风险是如何在机构间进行传染的。将系统性风险累积过程对应到系统性风险的两个维度，系统性风险累积主要表现为时间维度上金融体系内生脆弱性增加与截面维度上机构间关联关系增强两个方面。根据上述分析，本书从时间与截面两个维度对地方债务系统性风险累积机理进行探究。

根据金融脆弱性理论，地方债务内生脆弱性是地方债务系统性风险的根源。随着经济的繁荣发展，地方政府追求更高利益，共同风险承担行为激励地方政府纷纷扩大融资规模，刺激经济更加繁荣。但与此同时，地方政府融资方式也会从投资性融资转向对冲式融资、庞氏融资，导致地方债务不稳定性增加，地方债务脆弱性越来越严重以及地方债务系统性风险持续积蓄。

对我国地方政府而言，在财政压力、晋升锦标赛激励等驱动下，地方政府面临巨大的融资需求。一方面，"财政分权"政策导致地方政府被动大规模持续举债[1]。布里克西（Brixi）和希克（Schick）[2] 以及波拉克娃（Polackova）[3] 发现，面对财政赤字，政府倾向于通过预算外收入等方式弥补财政赤字，导致财政风险积聚。杨十二和李尚蒲[4]认为，分税制改革的实施，促使当年中央财政收入占比从22%快速上升至56%，中央财政支出占全国财政支出的比例却一直维持在30%上下，地方财政收支不匹配，从而形成了地方政府举债的内在激励，尤其对欠发达地区的县级政府而言，财政分权程度越严重，举债越多[5][6]。另一方面，"官员晋升激励"导致地方政府积极主动负债。在晋升激励刺激下，地方政府积极扩大财政支出，造成财政赤字不断扩大。费

① 王永钦，陈映辉，杜巨澜. 软预算约束与中国地方政府债务违约风险：来自金融市场的证据 [J]. 经济研究，2016，51（11）：96-109.

② BRIXI H P，SCHICK A. Government at risk：contingent liabilities and fiscal risk [M]. The World Bank，2002.

③ POLACKOVA H. Contingent government liabilities：A hidden risk for fiscal stability [M]. The World Bank，1998.

④ 杨十二，李尚蒲. 地方政府债务的决定：一个制度解释框架 [J]. 经济体制改革，2013（2）：15-19.

⑤ 邱栎桦，伏润民. 财政分权、政府竞争与地方政府债务——基于中国西部D省的县级面板数据分析 [J]. 财贸研究，2015（3）.

⑥ LICHTENBERG E，DING C. Local officials as land developers：Urban spatial expansion in China [J]. Journal of Urban Economics，2009，66（1）：57-64.

舍尔（Fisher）和成廉（William）① 以及博恩（Bohn）② 提出，弥补财政赤字的方式主要包括开征税收、货币创造及举借债务。但费舍尔③指出政府通过提高税收弥补财政赤字在短期内会加剧社会负担，靠发行货币常会带来通货膨胀，因而政府大都选择举借债务融资来弥补赤字。陈菁和李建发④发现，地方政府为在晋升锦标赛中获胜，积极采取各种手段摄取金融资源，主动借债。此外，中央预算软约束与地方债务权责时空分离常态下，刺激了地方政府积极举债的动机，导致债务超常规增长。

本书认为，在中国垂直集中的政治体制与中国特色的财政联邦下，地方政府自身不但有发展地方经济的巨大激励，而且地方政府间存在"竞争锦标赛"。地方政府干部在有限理性和追求垄断租金最大化的冲动下⑤，除满足公共利益外，也会追求行政权力与政治前景等自身利益。同时，我国中央集中的人事权制度、各级政府间以 GDP 增长率为主要考核指标的竞争标准、地方干部控制力和影响力的行政管理体制等促使各地方政府干部不惜一切代价追求经济增长，积极、主动加大投资规模，增加举借债务规模⑥⑦⑧⑨。也就是说，GDP 锦标赛制度为地方债务规模的持续扩张提供了强大动力，同时，也为地方债务系统性风险累积埋下了"种子"。换言之，在 GDP 锦标赛制度的激励下，地区政府持续积极、主动增加投资规模与扩张债务规模，导致地方

① FISCHER S, WILLIAM E. The economics of the government budget constraint [J]. The World Bank Observer, 1990, 5 (2): 127-142.
② BOHN H. Budget deficits and government accounting [C]. Carnegie-Rochester Conference Series on Public Policy. North-Holland, 1992, 37: 1-83.
③ FISCHER S. The economics of government budget constraint [J]. World Bank Research Observer, 1993, 2: 33-56.
④ 陈菁，李建发. 财政分权、晋升激励与地方政府债务融资行为——基于城投债视角的省级面板经验证据 [J]. 会计研究, 2015 (1): 61-67, 97.
⑤ 李军杰，钟君. 中国地方政府经济行为分析——基于公共选择视角 [J]. 中国工业经济, 2004 (4): 27-34.
⑥ 李吉栋. 地方政府债务风险管理与融资创新 [M]. 北京：经济管理出版社, 2017.
⑦ 方红生，张军. 中国地方政府竞争、预算软约束与扩张偏向的财政行为 [J]. 经济研究, 2009 (12): 4-16.
⑧ 范子英. 土地财政的根源：财政压力还是投资冲动 [J]. 中国工业经济, 2015, 29 (6): 18-31.
⑨ 马海涛，吕强. 我国地方政府债务风险问题研究 [J]. 财贸经济, 2004 (2): 12-17.

政府部门杠杆率持续上升，地方政府债务系统性风险不断累积。从图 2.6 可以看到，2000 年至 2023 年，地方政府债务余额从 0.49 万亿元增长至 40.74 万亿元，政府债务规模持续扩张。同时，地方政府债务余额占名义 GDP 的比例与地方政府债务余额占一般公共预算收入比例也均呈现增长趋势，并持续保持在较高水平，2023 年，地方政府债务余额占名义 GDP 的比例高达 32.32%，地方政府债务余额占一般公共预算收入比例更是高达 185.03%。

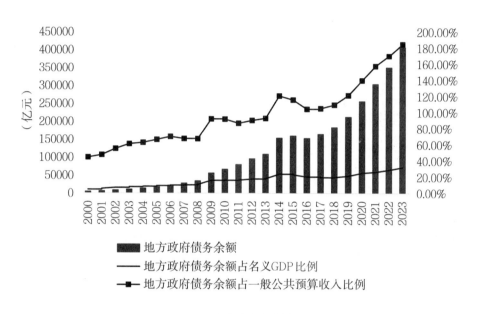

图 2.6　地方政府负债情况

此外，2014 年地方政府债务置换新政的实施也暴露了长久以来地方政府债务严重的借新债还旧债问题。2023 年，地方债再融资债券合计发行 4.68 万亿元，其中，再融资一般债券为 2.65 万亿，同比增加 74.32%；再融资专项债券为 2.03 万亿元，同比增加 86.11%，反映了地方政府债务系统性风险持续积聚的现状。

值得注意的是，中国土地制度下，土地要素在地方债务系统性风险累积中起到了推波助澜的作用。新法实施前，地方政府主要利用融资平台以土地抵押的方式进行大规模借款，土地成为地方政府突破外部融资限制、积极举债的重要工具。谢保鹏①从制度视角研究土地财政背景下地方政府债务持续增长的成因，发现土地相关制度是地方政府持续举债的"底气"。新法实施后，土地财政收入仍然是地方政府外源融资重要的信用因素与偿债资金来源，也是促使地方政府积极举债动机继续实现的重要工具，详细分析见本书第四章。

　　综合以上分析，时间维度上我国地方政府债务系统性风险累积过程可以概括为利益驱动下地方政府积极举债—地方政府风险偏好上升—地方债务内生脆弱性增加—地方债务系统性风险持续积聚……进而地方债务系统性风险越来越接近爆发的临界值。其中，地方债务内生脆弱性是地方债务系统性风险累积的根源，GDP锦标赛制度是地方债务系统性风险累积的重要动力。

三、截面维度上地方政府债务系统性风险累积分析

　　地方政府举债融资活动对金融机构存在较强的负外部性②③，主要表现为以下方面。一是，由于地方政府债券一级发行受到地方政府与银行博弈等非市场化因素的影响，其发行利率低于市场估值对应的收益率，地方政府债券定价不能充分体现风险资本占用和流动性溢价，以10年期地方债为例，大部分地方债发行利率均低于当时市场估值的平均幅度约16bp，这直接损害了银行等金融机构的资产收益。二是，地方债券一、二级市场利差倒挂问题导致用于交易的地方债比例很小，地方债券流动性很低，金融机构倾向于持有地方债券至到期，从而占用了银行等金融机构大量资产，严重损害了金融机构的经济利益，2018年1月底，地方债券超过国债与政策性金融债，成为债券市场规模最大的券种。最后，由于地方债务重点投向大型的基础设施与公益性项目，资金量大、期限长、回收慢，并且此类项目变现能力比较差。与此同时，商业银行的主要资金来源是活期存款，导致银行资产和负债结构失衡，进而面临流动性风险。

---

①　谢保鹏．基于土地财政的地方政府债务研究：规模、风险及其传导［D］．北京：中国农业大学，2017.

②　唐跃军，黎德福．环境资本、负外部性与碳金融创新［J］．中国工业经济，2010（6）：5–14.

③　VINER J. Cost curves and supply curves［J］. Zeitschrift fur National Konomie, 1932, 3（1）：23–46.

地方政府与金融机构之间的业务关联关系为地方政府债务风险累积与传染提供了渠道。新法实施后，以商业银行为首的金融机构对地方政府债券的大量认购使其成为地方债券的主要持有者，从纳入官方统计口径的地方政府债券持有者角度看（表 2.2），截至 2023 年 11 月末，商业银行持有 82.17% 的地方债，占据绝对地位，非法人产品、保险机构、其他境内机构与境外机构分别持有 5.42%、4.26%、4.54% 与 0.02%，柜台市场投资者与其他市场投资者仅持有 0.03% 与 3.56%，说明相对于非金融机构，金融机构是地方债券融资的主要资金来源。

表 2.2　2023 年 11 月末地方政府债券持有者结构

持有者	持有额（亿元）	占比（%）
银行间债券市场投资者	389910.53	96.41
商业银行	332317.53	82.17
保险机构	17224.52	4.26
非法人产品	21918.81	5.42
其他境内机构	18361.42	4.54
境外机构	88.25	0.02
柜台市场投资者	127.81	0.03
其他市场投资者	14409.76	3.56

数据来源：中华人民共和国财政部网站

同时，地方政府与金融机构间业务关联关系愈加密切。根据中国债券信息网公布的数据，2015 年至 2019 年，商业银行持有地方政府债券规模分别为 4.46 万亿元、9.36 万亿元、12.76 万亿元、15.33 万亿元、18.20 万亿元，截至 2023 年 11 月末，商业银行持有地方政府债券规模为 33.23 万亿元，可以看出，地方政府与银行体系间的关联程度逐渐增加。从银行资产角度看，债券投资是银行重要的资产配置方向。由表 2.3 可以看出，2017 年年底，银行持有地方政府债券 12.76 万亿元，银行债券投资 39.6 万亿元，地方政府债券占银行债券投资 32.22%。2018 年与 2019 年，银行持有地方政府债券分别上涨为 17.10 万亿元与 19.88 万亿元，银行债券投资分别为 45.2 万亿元与 49.60 万亿元，地方政府债券占银行债券投资比例分别增长至 37.83% 与 40.08%，说明银行持有地方政府债券数额及占比均在上升。此外，表 2.3 还显示，2017 年至 2019 年，地方政府债券占银行总资产比例分别为 5.06%、6.37% 与 6.86%，说明地方政府债券占银行总资产的比例较高，且呈现增长趋势，反映了地方政府债务对银行的风险敞口增加。

截面维度上地方政府债务系统性风险累积表现为地方政府与金融机构间密切的业务关联关系持续增强。若地方财政运行出现困难，地方政府债务风险可直接转化为金融风险①。也就是说，地方政府与金融机构间业务关联性逐渐增强，导致地方债务系统性风险累积的同时，也为地方债务系统性风险爆发后的风险扩散提供了渠道。

表 2.3 地方政府债券与银行债券投资及银行资产关系

时间	银行持有地方债券（亿元）	银行债券投资（亿元）	银行总资产（亿元）	地方政府债券/银行债券投资	地方政府债券/银行总资产
2017	12.76	39.60	252.40	32.22%	5.06%
2018	17.10	45.20	268.24	37.83%	6.37%
2019	19.88	49.60	290.00	40.08%	6.86%

综上分析，我国地方政府债务系统性风险累积过程可以概括为利益驱动下地方政府积极举债—地方政府风险偏好上升—地方政府增加投资规模—地方政府债务风险敞口扩大—地方债务内生脆弱性增加—地方债务系统性风险持续积聚……地方债务系统性风险越来越接近爆发的临界值。其中，地方政府债务内生脆弱性是地方政府债务系统性风险累积的根源，GDP 锦标赛制度是地方债务系统性风险累积的重要动力。在 GDP 锦标赛激励下，时间维度上地方政府债务内生脆弱性持续增加，截面维度上地方政府与金融机构间业务关联关系不断增强，时间维度与截面维度上的地方政府债务系统性风险相互作用、共同演化，致使地方政府债务系统性风险持续累积。

---

① 徐忠. 新时代背景下中国金融体系与国家治理体系现代化 [J]. 经济研究，2018，53（7）：4-20.

第四节 基于债务融资模式的我国地方政府债务系统性风险累积特征

新《中华人民共和国预算法》实施后，地方政府较大规模存量债务置换与再融资债券发行既暴露了部分地方政府借新债还旧债的现状，也揭露了地方债务系统性风险不断累积的现状。根据金融脆弱性假说，明斯基认为，借款企业的融资模式可分为对冲性融资、投机性融资与庞氏融资三类。随着经济的发展，投资者追求更高利益，纷纷扩大借款，投机性融资和庞氏融资的比重会大幅度上升，进而导致金融脆弱性越来越高。本节通过分析地方政府债务融资模式及其变化，探究地方政府债务系统性风险的累积特征。

一、地方政府债务投机性融资模式分析

新《中华人民共和国预算法》实施后，地方政府一般债务与专项债务被分门别类纳入预算管理，故需要对一般债务与专项债务融资模式分别进行分析，以更加准确理解地方政府债务系统性风险累积特征。值得注意的是，按照《政府收支分类科目》，地方政府债务利息支出被纳入财政预算管理，由财政收入偿还，即地方政府财政收入必须偿还到期债务利息，根据财政部公布的数据，2000年至今，地方政府债务利息偿还均被纳入相应的财政支出，这也决定了地方政府债务属于可以偿付债务利息的对冲性融资模式或投机性融资模式，而非无法偿还债务利息的庞氏融资模式。

表2.4 地方财政一般公共预算收入与刚性支出情况（单位：万亿）

时间	一般公共预算收入	一般公共预算支出	狭义			广义		
			刚性支出规模	刚性支出占比	偿债资金规模	刚性支出规模	刚性支出占比	偿债资金规模
2011	9.25	9.27	4.78	51.71%	4.47	7.13	77.11%	2.12
2012	10.64	10.72	5.69	53.50%	4.95	8.49	79.77%	2.15

时间	一般公共预算收入	一般公共预算支出	狭义			广义		
			刚性支出规模	刚性支出占比	偿债资金规模	刚性支出规模	刚性支出占比	偿债资金规模
2013	11.70	11.97	6.22	53.14%	5.48	9.48	80.99%	2.22
2014	12.75	12.92	6.62	51.97%	6.12	10.19	79.92%	2.56
2015	13.81	15.03	7.54	54.57%	6.27	11.87	85.95%	1.94
2016	14.66	16.04	8.33	56.78%	6.34	13.09	89.27%	1.57
2017	15.65	17.32	9.24	59.04%	6.41	14.44	92.25%	1.21
2018	16.76	18.82	10.02	59.79%	6.74	15.73	93.85%	1.03
2019	17.54	20.37	10.79	61.53%	6.75	17.20	98.05%	0.34
2020	18.34	21.06	11.54	62.89%	6.81	17.47	95.24%	0.87
2021	19.33	21.06	11.78	60.94%	7.55	17.44	90.24%	1.89
2022	20.60	22.50	12.78	62.04%	7.82	18.55	90.06%	2.05

　　对于地方政府一般债务，国发〔2014〕43号文规定其主要以地方政府一般公共预算收入偿还。然而，值得注意的是，一般公共预算收入主要用于基本公共服务等刚性支出①，即除满足自身刚性支出外，剩余一般公共预算收入才是一般债务真正的偿债资金来源。通常情况下，地方政府刚性支出有狭义和广义两个口径，这也导致一般债务的真正偿债资金也包括狭义和广义两个口径。由表2.4可知，2011年至2022年，狭义刚性支出占一般公共预算收入的比例整体呈增长趋势，2022年，该比例高达62.04%，说明一多半的一般公共预算收入用于一般公共服务、公共安全、教育支出、医疗卫生支出及社会保障和就业等5项狭义刚性支出。同时，2011年至2022年，广义刚性支出占一般公共预算收入的比例也呈现增长趋势，2022年，该比例更是高达

---

① 地方政府的刚性支出有狭义和广义两个口径。狭义刚性支出包括一般公共服务、公共安全、教育支出、医疗卫生支出及社会保障和就业等5项支出；广义刚性支出除了包括上述五项狭义刚性支出外，还包括外交、国防、节能环保、科学技术、文化体育与传媒、城乡社区事务支出、农林水事务等12项支出。

90.06%，剩余可用于偿还一般债务的一般公共预算收入仅为 2.05 万亿元。可见，相对于动辄上万亿元的到期一般债务，考虑刚性支出因素后，真正可用于偿还一般债务的资金有限，地方政府依赖借新债还旧债的方式，即投机性融资模式，维持一般债务运转。

对于地方政府专项债务，国发〔2014〕43 号文规定，地方政府专项债务以对应的政府性基金或专项收入偿还，加之政府性基金"以收定支"的管理方式，理论上讲，专项债务属于对冲性融资模式。但由于管理不规范、监管不到位，专项债务无法按期偿还，专项债务借新债还旧债的比重较高，即专项债务也依赖投机性融资模式进行专项债务运转[①]。

综上分析，地方政府一般债务与专项债务的投机性融资模式比重均较高，这也导致了截面维度上地方政府债务脆弱性较高，地方政府债务对银行的风险敞口较大。下面将根据地方政府债务相关数据，对一般债务与专项债务的投机性融资模式占比及发展变化进行具体分析。

二、地方政府债务系统性风险累积特征分析

表 2.5　2015—2022 年全国一般债券发行与偿还情况

指标	2015	2016	2017	2018	2019	2020	2021	2022
发行额（亿元）	28658	35340	23620	22192	17742	23034	25669	22360
新增发行额（亿元）	5005	7663	7961	8177	9073	9506	7865	7182
置换发行额（亿元）	23653	27677	15659	8556	624	0	0	0
再融资发行额（亿元）	0	0	0	5459	8045	13527	17804	15178
还本额（亿元）	1714	2437	2415	6773	8871	14239	15304	16230
再融资发行额占还本额比例（%）	/	/	/	80.60	90.69	95.00	116.34	93.52

资料来源：中国地方政府债券信息公开平台

根据中国地方政府债券信息公开平台公布的数据，2015 年至 2022 年我国一般债券发行与偿还情况如表 2.5。从债券用途看，置换一般债券与再融资一

---

① 徐博，杨薇. 地方政府专项债券风险点分析［J］. 财政科学，2020（6）：77-85.

般债券均属于借新债还旧债的政府债券。由表可知，2015 年至 2017 年，置换一般债券发行额分别为 23653 亿元、27677 亿元与 15659 亿元，2018 年与 2019 年，置换一般债券分别下降至 8556 亿元与 624 亿元，一般债务置换工作基本结束。随着置换一般债券与新增一般债券逐渐到期，一般债券还本规模逐渐增加，由表 2.5 可知，2018 年至 2022 年，一般债券还本额分别为 6773 亿元、8871 亿元、14239 亿元、15304 亿元与 16230 亿元。同时，由表 2.5 还可以看出，再融资一般债券发行规模分别为 5459 亿元、8045 亿元、13527 亿元、17804 亿元与 15178 亿元，再融资债券发行额占还本额比例分别为 80.60%、90.69%、95.00%、116.34%与 93.52%，说明地方政府一般债券的投机性融资模式比重较高，地方政府一般债务内生脆弱性问题凸显。

表 2.6　2015—2022 年全国专项债券发行与偿还情况

指标	2015	2016	2017	2018	2019	2020	2021	2022
发行额（亿元）	9692	25118	19961	19459	25882	41404	49229	51316
新增发行额（亿元）	907	4037	7937	13527	21487	36019	35844	40384
置换发行额（亿元）	8785	21081	12024	4574	956	0	0	0
再融资发行额（亿元）	0	0	0	1358	3439	5386	13385	10932
还本额（亿元）	0	0	0	1616	4280	6518	11380	11618
再融资发行额占还本额比例（%）	/	/	/	84.03	80.35	82.63	117.62	94.10

资料来源：中国地方政府债券信息公开平台

对于地方政府专项债务，根据中国地方政府债券信息公开平台公布的数据，2015 年至 2022 年我国专项债券发行与偿还情况如表 2.6。由表 2.6 可知，2015 年至 2019 年，置换专项债券发行额分别为 8785 亿元、21081 亿元、12024 亿元、4574 亿元、956 亿元，专项债务置换工作基本结束。2018 年，专项债券还本额为 1616 亿元，再融资专项债券发行额为 1358 亿元，即 84.03%到期专项债券依靠发行再融资债券的投机性融资模式进行偿还，2022 年该比例增长至 94.10%。可见，地方政府专项债券投机性融资模式比重较高，地方政府专项债务内生脆弱性问题突出。

表 2.7　2015—2022 年全国地方政府债券发行与偿还情况

指标	2015	2016	2017	2018	2019	2020	2021	2022
发行额（亿元）	38351	60458	43581	41652	43624	64438	74898	73676
新增发行额（亿元）	5912	11700	15898	21705	30561	45525	43709	47566
置换发行额（亿元）	32439	48758	27683	13130	1579	0	0	0
再融资发行额（亿元）	0	0	0	6817	11484	18913	31189	26110
还本额（亿元）	1714	2437	2415	8389	15281	20757	26685	27849
再融资发行额占还本额比例（%）	/	/	/	81.26	83.36	91.12	116.88	93.76

资料来源：财政部，中国地方政府债券信息公开平台

　　表 3.7 为 2015 年至 2022 年我国地方政府债券发行与偿还情况。由表 3.7 可知，2018 年至 2022 年，地方政府债券还本额分别为 8389 亿元、15281 亿元、20757 亿元、26685 亿元与 27849 亿元，发行再融资债券规模为 6817 亿元、11484 亿元、18913 亿元、31189 亿元与 26110 亿元，再融资债券发行额占还本额比例由 81.26% 增长至 93.76%，可见地方政府发行再融资债券偿还到期债务的比例高，约八成以上，反映了地方政府借新还旧问题较突出，债务内生脆弱性问题较严重。

　　根据上文分析可知，一方面，地方政府强烈依赖借新债还旧债的投机性融资模式，投机性融资模式占比高达八成以上，截面维度上地方政府债务脆弱性较高。另一方面，随着置换债券与新增债券逐渐到期，地方政府投机性融资模式的债务规模会逐渐增加。同时，在 GDP 晋升锦标赛激励下，地方政府持续增加财政支出与扩张债务规模，地方政府愈加依赖借新债还旧债的融资模式，对冲性融资模式占比会逐渐降低，投机性融资模式占比会逐渐增加，时间维度上的地方政府债务脆弱性越来越高。根据财政部最新公布的数据，2023 年，地方政府债券还本额高达 36658 亿元，其中发行再融资债券偿还本金规模为 32918 亿元，再融资债券还本额占总还本额比例高达 89.80%，验证了我国地方政府投机性融资模式的债务规模增加，投机性融资模式的比重增加，地方政府债务系统性风险呈现持续累积的特征。

第五节　本章小结

本章在对地方政府债务、地方政府债务风险以及地方政府债务系统性风险内涵进行分析的基础上，运用金融风险理论、金融脆弱性理论以及风险传染理论对地方政府债务系统性风险累积机理进行研究，并得出以下结论。

（1）地方政府债务系统性风险的一般演进过程包括累积、爆发与传染三个阶段。地方政府债务系统性风险的累积是一个漫长的过程，而爆发只是地方政府债务系统性风险的一个特殊阶段和特殊状态。当地方政府债务系统性风险累积到一定的临界值，地方政府整体或部分遭受某种突发的负向冲击便会成为地方债务系统性风险爆发的导火索，导致地方政府债务系统性风险爆发，进而传染、扩散，最终引发灾难性危机。

（2）地方政府债务系统性风险累积主要表现为时间维度上地方政府债务内生脆弱性增加与截面维度上地方政府与金融机构间业务关联增强两个方面。我国地方政府债务系统性风险累积过程可以概括为利益驱动下地方政府积极举债—地方政府风险偏好上升—地方政府增加投资规模—地方债务风险敞口扩大—地方债务内生脆弱性增加—地方债务系统性风险持续积聚……地方债务系统性风险越来越接近爆发的临界值。其中，地方政府债务内生脆弱性是地方政府债务系统性风险累积的根源，GDP锦标赛制度是地方债务系统性风险累积的重要动力。

（3）地方政府一般债券与专项债券的投机性融资模式比重均较高，投机性融资模式比重高达八成以上，地方政府借新还旧问题较突出，债务内生脆弱性问题较严重。随着置换债券与新增债券逐渐到期，地方政府投机性融资模式的债务规模会逐渐增加。同时，在GDP晋升锦标赛激励下，地方政府持续增加财政支出与扩张债务规模，地方政府债务投机性融资模式占比会逐渐增加，进而导致地方政府债务脆弱性越来越高，地方政府与金融机构间关联关系愈加密切，地方政府债务系统性风险不断累积。

第三章

地方政府债务网络结构与系统性风险网络特征

第二章从理论层面分析了地方政府债务系统性风险内在累积机理，并基于债务融资模式分析，发现地方政府债务系统性风险持续累积的特征。本章运用复杂网络理论，利用全国各省地方政府债券发行数据，构建地方政府与银行间的复杂网络，并从整体性与结构性两个层面研究地方政府债券系统性风险网络特征，分析地方债务系统性风险累积特征，以对第二章的理论分析进行实证研究。

第一节 地方政府债务网络模型构建

复杂网络作为金融危机后系统性风险问题研究的主流方法，不仅可以为研究地方政府债务系统性风险累积问题提供重要的理论支撑，也是研究地方政府债务系统性风险累积问题的重要实证工具。第二章从理论层面探究了地方政府债务系统性风险内在累积机理，并利用地方政府一般债券与专项债券数据对地方债务系统性风险累积特征进行了描述性统计分析。本章则运用复杂网络理论，利用全国各省地方政府债券发行数据，通过构建"地方政府—银行"二分网络模型对我国地方债券网络拓扑结构性质及其系统性风险累积特征进行实证探究。

一、样本选择与数据来源

2015 年新《中华人民共和国预算法》实施后，地方政府债券成为地方政府债务唯一合法形式。但由于地方政府债务的复杂性，监管机构以外的研究人员在运用相关债务数据研究地方政府债务系统性风险问题上受到极大限制。为运用省级地方政府层面数据研究地方政府债务网络结构特征，本书利用万得（Wind）数据库收集 2018 年至 2022 年存量地方政府债券信息，主要包括每只债券名称、剩余额度、发行日期、主承销商等，由此建立了地方政府债券承销网络基础数据库。

在研究样本的确定上，首先，利用 Wind 数据库收集 2018 年至 2022 年地方政府所有存量债券信息，包括 2018 年的 4062 只政府债券、2019 年的 4873 只政府债券、2020 年的 6230 只政府债券、2021 年的 7729 只政府债券与 2022 年的 9050 只政府债券。其次，将每年存量地方政府债券按省份进行分类，并收集每个省份地方政府主承销商信息。最后，参考何芳等①的处理方式，具体步骤见本书第四部分，得到地方政府与金融机构间的债券余额承销矩阵，进而构建地方政府债券承销网络。

二、样本数据的描述性统计

图 3.1（a）至（e）为 2018 年至 2022 年省级地方政府债券发行情况，可以看出，各省地方政府的债券发行情况明显不同，只有少数省份债券发行规模较高，2018 年至 2022 年，债券发行规模最高的五个省份的债券发行额占各省发行总额的比例分别高达 29.20%、29.30%、30.60%、32.07% 与 31.73%。同时，债券发行规模最低的五个省份的债券发行额占发行总额的比例分别仅为 4.99%、4.98%、4.12%、3.69%% 与 3.97%，说明各省地方政府债券发行规模不均衡，债券发行规模分布较复杂。

---

① 何芳，滕秀秀，王斯伟. 地方政府债券复杂网络结构及系统性风险特征［J］. 统计与决策，2020，36（4）：136-140.

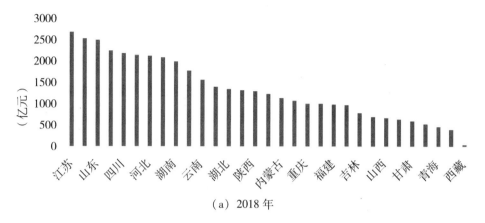

（a）2018 年

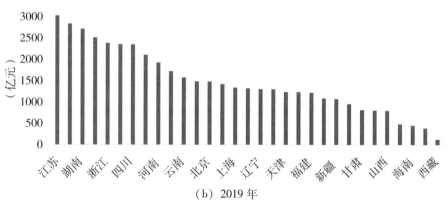

（b）2019 年

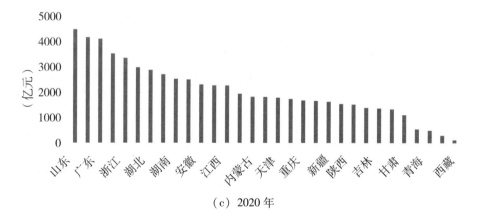

（c）2020 年

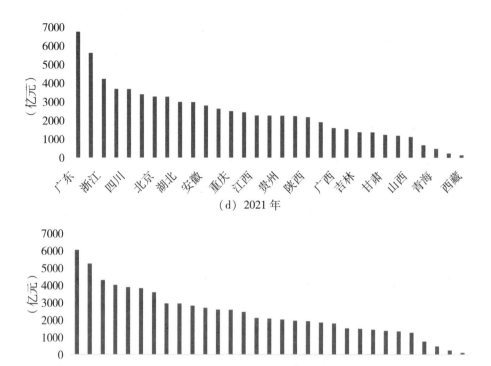

（d）2021 年

（e）2022 年

图 3.1　2018 年至 2022 年各省地方政府债券发行情况

图 3.2（a）至（e）为 2018 年至 2022 年各金融机构的地方政府发行债券的承销情况。可以看出，各金融机构的地方政府债券承销情况明显不均衡，2018 年至 2022 年，五大行的债券承销额占比分别高达 65.60%、63.71%、59.65%、52.32% 与 46.69%，说明五大行的债券承销额占据绝对主导地位，地方政府债券主要由五大行持有。也就是说，在地方政府债务网络中，无论经济较发达的地方政府还是经济欠发达的地方政府，都倾向于由五大行等大型商业银行承销政府债券，而较少与规模小、信誉低的银行发生业务往来，这与隋聪等①研究结果相一致。

---

① 隋聪，王宪峰，王宗尧．银行间网络连接倾向异质性与风险传染［J］．国际金融研究，2017（7）：44-53.

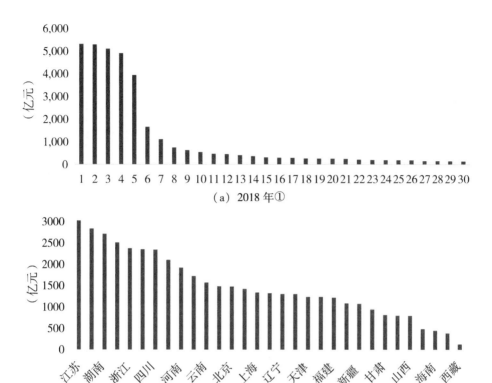

（a）2018 年①

（b）2019 年②

①　2018 年，地方政府发行债券承销额排名前 30 的金融机构为中国农业银行、中国工商银行、中国建设银行、中国银行、交通银行、兴业银行、中国邮政储蓄银行、招商银行、中信证券、上海浦东发展银行、北京银行、中信银行、中国民生银行、中信建投证券、东方证券、江苏银行、浙商银行、南京银行、中国光大银行、恒丰银行、山东省农村信用社联合社、国泰君安证券、河北银行、申万宏源证券、贵州银行、盛京银行、徽商银行、广发证券、贵阳银行以及兴业证券。

②　2019 年，地方政府发行债券承销额排名前 30 的金融机构为中国工商银行、中国农业银行、中国建设银行、中国银行、交通银行、兴业银行、中国邮政储蓄银行、中信证券、招商银行、上海浦东发展银行、中国民生银行、北京银行、广发银行、中信建投证券、华泰证券、南京银行、江苏银行、东方证券、中国光大银行、申万宏源证券、国泰君安证券、浙商银行、山东省农村信用社联合社、中信银行、恒丰银行、河北银行、盛京银行、徽商银行、光大证券以及上海银行。

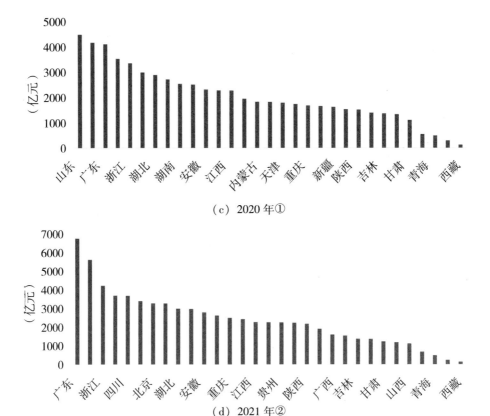

(c) 2020 年①

(d) 2021 年②

① 2020 年，地方政府发行债券承销额排名前 30 的金融机构为中国工商银行、中国农业银行、中国建设银行、中国银行、交通银行、兴业银行、中信证券、中国邮政储蓄银行、中信建投证券、华泰证券、国泰君安证券、上海浦东发展银行、招商银行、中国民生银行、广发银行、北京银行、东方证券、中信银行、光大证券、江苏银行、南京银行、海通证券、申万宏源证券、恒丰银行、山东省农村信用社联合社、徽商银行、浙商银行、中国光大银行、湖北省农村信用社联合社以及盛京银行。

② 2021 年，地方政府发行债券承销额排名前 30 的金融机构为中国工商银行、中国农业银行、中国建设银行、中国银行、交通银行、中信证券、兴业银行、中信建投证券、华泰证券、中国邮政储蓄银行、东方证券、上海浦东发展银行、国泰君安证券、海通证券、中国国际金融、招商银行、北京银行、中国民生银行、光大证券、广发银行、中信银行、四川银行、中泰证券、山东省农村信用社联合社、恒丰银行、江苏银行、南京银行、浙商银行、中国银河证券以及徽商银行。

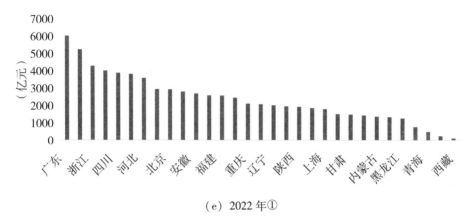

（e）2022 年①

图 3.2 2018 年至 2022 年各金融机构的地方政府发行债券承销情况

综合上述分析可知，各地方政府的债券发行情况比较复杂，各金融机构的债券承销情况也比较复杂，加之各地方政府与金融机构间复杂的承销关系，一定程度上说明了地方债务承销网络既不是规则网络，也不是随机网络。

三、"地方政府—银行"二分网络模型

复杂网络是研究自然与社会中存在的各种实际网络内在特征的重要工具。根据复杂网络中节点类型的数量，复杂网络包括单顶点网络、二分网络等。其中，二分网络具有较高的适用性，其节点包括两种类型，两种类型的节点间由边连接，但同类型节点间没有边连接。对我国地方政府而言，2014 年新政实施后，地方政府存量债务被陆续置换，债券成为地方政府唯一法定融资方式。同时，地方政府债券的主要持有者为金融机构，地方政府与金融机构间由于债券承销关系而关联。

本书利用复杂网络理论，构建"地方政府—银行"二分网络模型以分析

---

① 2022 年，地方政府发行债券承销额排名前 30 的金融机构为中国工商银行、中国农业银行、中国建设银行、中国银行、交通银行、中信证券、华泰证券、中国国际金融、兴业银行、中信建投证券、国泰君安证券、光大证券、招商银行、中国银河证券、上海浦东发展银行、东方证券、中国邮政储蓄银行、国开证券、北京银行、广发银行、中信银行、中国民生银行、海通证券、中泰证券、南京银行、江苏银行、浙商银行、山东省农村信用社联合社、恒丰银行以及华西证券。

地方政府债务系统性风险问题。具体而言，以各省级地方政府和各金融机构为节点，以金融机构对地方政府债券的承销额度为边，利用网络分析软件UCINET，构建我国"地方政府—银行"二分网络模型。其中，节点 b 为债券主承销银行，节点 g 为地方政府，C_{bg} 表示银行 b 对地方政府 g 债券的承销额度（见图3.3）。

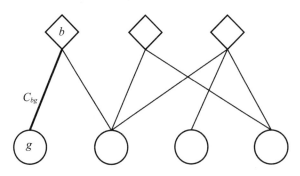

图 3.3　"地方政府—银行"二分网络模型

四、模型构建步骤与样本数据处理

由表3.1可得，2018年地方政府债券占政府债务余额比例高达98.29%，说明政府存量债务置换工作基本完成，除少量政府债务为非政府债券形式外，绝大多数政府债务均为债券形式，地方政府债券承销数据可以充分反映地方政府债务的承销情况。

表 3.1　地方政府债务情况（单位：亿元）

时间	地方政府债务余额	地方政府债券余额	地方政府债券占比	地方政府债券发行额		
				新增债券	置换与再融资债券	年度合计
2015	160084.30	48259.30	30.15%	6000.00	32023.68	38350.60
2016	153164.01	106280.98	69.39%	11698.41	48860.00	60613.82
2017	164806.00	148448.00	89.52%	15898.00	28683.00	43581.00
2018	183862.00	180811.00	98.29%	21805.00	19948.00	41652.00
2019	213082.00	211183.00	99.11%	30561.00	13063.00	43624.00

时间	地方政府债务余额	地方政府债券余额	地方政府债券占比	地方政府债券发行额		
				新增债券	置换与再融资债券	年度合计
2020	256611.00	254864.00	99.32%	45525.00	18913.00	64438.00
2021	304800.00	303088.00	99.48%	43809.00	31189.00	84898.00
2022	350653.00	348995.00	99.53%	48566.00	26110.00	83686.00

由于缺少地方债券承销商具体的承销金额数据，本书基于各承销机构存量债券承销额比例，计算各省级地方政府债券余额承销矩阵。通过上述处理，得到2018年至2022年地方政府债券余额承销矩阵，见附录。

表3.2　2018年至2022年发行地方政府债券的承销情况①

时间	2018	2019	2020	2021	2022
承销机构数量	53	72	75	81	89
非零承销额机构数量	50	67	71	79	87
承销额（亿元）	178748.54	210181.24	254138.70	295797.24	348803.38

资料来源：Wind数据库

由表3.2可以看出，2018年至2022年地方政府发行债券的承销机构数量从53家增长至72家，非零承销额机构数量从50家增长至87家，具体承销机构名单如表3.3至表3.7。可以看出，承销机构以银行为主，包含少量证券公司与农村信用社联合社。

表3.3　2018年主要承销机构名单

代号	金融机构名称	代号	金融机构名称
B1	中国建设银行	B26	徽商银行
B2	中国工商银行	B27	宁波银行
B3	中国农业银行	B28	中银证券
B4	中国银行	B29	晋商银行

---

①　本表格主要根据Wind数据库中非定向地方政府债券承销数据进行承销机构分析。

续表

代号	金融机构名称	代号	金融机构名称
B5	交通银行	B30	河北省农信社
B6	兴业银行	B31	海口农商行
B7	招商银行	B32	上海银行
B8	中国民生银行	B33	吉林银行
B9	中国邮政储蓄银行	B34	国泰君安
B10	浦发银行	B35	中信建投证券
B11	广发银行	B36	盛京银行
B12	中信银行	B37	天津银行
B13	中信证券	B38	宁波鄞州农商行
B14	北京银行	B39	长城证券
B15	河北银行	B40	长沙银行
B16	中国光大银行	B41	龙江银行
B17	贵阳银行	B42	哈尔滨银行
B18	南京银行	B43	山东省农信社
B19	江苏银行	B44	平安证券
B20	浙商银行	B45	国开行
B21	渤海银行	B46	东北证券
B22	江西银行	B47	大连银行
B23	恒丰银行	B48	甘肃银行
B24	青海西宁农商行	B49	国信证券
B25	贵州银行	B50	厦门银行

表 3.4　2019 年主要承销机构名单

代号	金融机构名称	代号	金融机构名称
B1	中国建设银行	B35	山东省农信社
B2	中国工商银行	B36	华泰证券
B3	中国农业银行	B37	青岛农商行

代号	金融机构名称	代号	金融机构名称
B4	中国银行	B38	晋商银行
B5	交通银行	B39	河北省农信社
B6	兴业银行	B40	申万宏源
B7	招商银行	B41	平安证券
B8	中国民生银行	B42	东北证券
B9	中国邮政储蓄银行	B43	东方证券
B10	浦发银行	B44	广发证券
B11	中信证券	B45	光大证券
B12	中信银行	B46	长城证券
B13	广发银行	B47	哈尔滨银行
B14	北京银行	B48	龙江银行
B15	中国光大银行	B49	甘肃银行
B16	国泰君安	B50	宁波鄞州农商行
B17	河北银行	B51	国信证券
B18	恒丰银行	B52	云南省农信社
B19	江苏银行	B53	长沙银行
B20	中信建投证券	B54	大连银行
B21	南京银行	B55	国融证券
B22	贵阳银行	B56	华林证券
B23	江西银行	B57	联储证券
B24	浙商银行	B58	川财证券
B25	青海西宁农商行	B59	五矿证券
B26	渤海银行	B60	华创证券
B27	中银证券	B61	中德证券
B28	贵州银行	B62	财达证券
B29	盛京银行	B63	中邮证券
B30	徽商银行	B64	信达证券

代号	金融机构名称	代号	金融机构名称
B31	宁波银行	B65	国开行
B32	吉林银行	B66	厦门银行
B33	天津银行	B67	中金财富
B34	上海银行		

表 3.5 2020 年主要承销机构名单

代号	金融机构名称	代号	金融机构名称
B1	中国建设银行	B37	广发证券
B2	中国工商银行	B38	宁波银行
B3	中国农业银行	B39	长城证券
B4	中国银行	B40	国信证券
B5	交通银行	B41	海口农商行
B6	兴业银行	B42	渤海银行
B7	招商银行	B43	青岛农商行
B8	中信证券	B44	平安证券
B9	中国邮政储蓄银行	B45	东北证券
B10	中国民生银行	B46	上海银行
B11	浦发银行	B47	渝农商行
B12	中信建投证券	B48	川财证券
B13	国泰君安	B49	华创证券
B14	广发银行	B50	国融证券
B15	北京银行	B51	中邮证券
B16	中信银行	B52	联储证券
B17	华泰证券	B53	信达证券
B18	东方证券	B54	财达证券
B19	中国光大银行	B55	中德证券
B20	光大证券	B56	华林证券

代号	金融机构名称	代号	金融机构名称
B21	恒丰银行	B57	五矿证券
B22	河北银行	B58	龙江银行
B23	贵阳银行	B59	哈尔滨银行
B24	海通证券	B60	云南省农信社
B25	盛京银行	B61	天津银行
B26	浙商银行	B62	甘肃银行
B27	贵州银行	B63	晋商银行
B28	江西银行	B64	河北省农信社
B29	江苏银行	B65	北京农商行
B30	南京银行	B66	大连银行
B31	湖北省农信社	B67	厦门银行
B32	山东省农信社	B68	宁波鄞州农商行
B33	青海西宁农商行	B69	中金财富
B34	吉林银行	B70	长沙银行
B35	申万宏源	B71	国开行
B36	徽商银行		

表 3.6　2021 年主要承销机构名单

代号	金融机构名称	代号	金融机构名称
B1	中国建设银行	B41	长城证券
B2	中国工商银行	B42	江苏银行
B3	中国农业银行	B43	南京银行
B4	中国银行	B44	渤海银行
B5	交通银行	B45	青海西宁农商行
B6	兴业银行	B46	川财证券
B7	中信证券	B47	联储证券
B8	招商银行	B48	五矿证券

续表

代号	金融机构名称	代号	金融机构名称
B9	中信建投证券	B49	中邮证券
B10	中国邮政储蓄银行	B50	信达证券
B11	华泰证券	B51	华创证券
B12	中国民生银行	B52	国融证券
B13	浦发银行	B53	中银证券
B14	国泰君安	B54	宁波银行
B15	东方证券	B55	海口农商行
B16	广发银行	B56	青岛农商行
B17	海通证券	B57	晋商银行
B18	光大证券	B58	上海银行
B19	北京银行	B59	渝农商行
B20	中信银行	B60	云南省农信社
B21	中金公司	B61	东北证券
B22	中国光大银行	B62	平安证券
B23	湖北省农信社	B63	甘肃银行
B24	恒丰银行	B64	龙江银行
B25	盛京银行	B65	哈尔滨银行
B26	贵阳银行	B66	中泰证券
B27	中国银河	B67	四川银行
B28	贵州银行	B68	天津银行
B29	浙商银行	B69	厦门银行
B30	山东省农信社	B70	河北省农信社
B31	财达证券	B71	大连银行
B32	申万宏源	B72	首创证券
B33	河北银行	B73	宁波鄞州农商行
B34	江西银行	B74	平安银行
B35	吉林银行	B75	中金财富

代号	金融机构名称	代号	金融机构名称
B36	国信证券	B76	长沙银行
B37	中德证券	B77	宁夏黄河农商行
B38	华林证券	B78	国开行
B39	徽商银行	B79	重庆银行
B40	广发证券		

表 3.7　2022 年主要承销机构名单

代号	金融机构名称	代号	金融机构名称
B1	中国建设银行	B45	中泰证券
B2	中国工商银行	B46	中邮证券
B3	中国农业银行	B47	信达证券
B4	中国银行	B48	联储证券
B5	交通银行	B49	河北银行
B6	兴业银行	B50	青海西宁农商行
B7	中信证券	B51	青岛农商行
B8	华泰证券	B52	广发证券
B9	中信建投证券	B53	宁波银行
B10	招商银行	B54	长城证券
B11	中国邮政储蓄银行	B55	海口农商行
B12	浦发银行	B56	四川银行
B13	国泰君安	B57	天津银行
B14	中金公司	B58	晋商银行
B15	中国民生银行	B59	五矿证券
B16	光大证券	B60	渝农商行
B17	东方证券	B61	国融证券
B18	海通证券	B62	云南省农信社
B19	中国银河	B63	华西证券

续表

代号	金融机构名称	代号	金融机构名称
B20	北京银行	B64	中银证券
B21	广发银行	B65	上海银行
B22	中信银行	B66	甘肃银行
B23	湖北省农信社	B67	首创证券
B24	中国光大银行	B68	平安证券
B25	国开证券	B69	东北证券
B26	盛京银行	B70	厦门银行
B27	恒丰银行	B71	龙江银行
B28	财达证券	B72	哈尔滨银行
B29	申万宏源	B73	民生证券
B30	贵阳银行	B74	平安银行
B31	浙商银行	B75	重庆银行
B32	国信证券	B76	河北省农信社
B33	山东省农信社	B77	金圆统一证券
B34	贵州银行	B78	国盛证券
B35	中德证券	B79	粤开证券
B36	华林证券	B80	华福证券
B38	华创证券	B81	广西北部湾银行
B38	江西银行	B82	宁夏黄河农商行
B39	吉林银行	B83	大连银行
B40	徽商银行	B84	宁波鄞州农商行
B41	渤海银行	B85	中金财富
B42	江苏银行	B86	长沙银行
B43	川财证券	B87	国开行
B44	南京银行		

第二节　地方政府债务网络系统性风险的整体性特征

根据网络理论，网络拓扑性质的统计分析可以反映节点间的相互作用以及一定程度的动力学性质，因此，复杂网络统计分析具有重要意义。针对网络的统计分析包括度、路径、聚类等指标，不同指标从不同层面反映了网络的拓扑特性。按网络拓扑结构的内涵进行划分，这些指标可以分为整体性特征指标和结构性特征指标两类。其中，整体性特征指标主要反映网络整体的规模和大小，结构性特征指标反映网络内部从节点到群体到整体不同层次结构所具有的特征。在复杂网络的结构及其拓扑性质背后，更深层次的是网络中存在的系统性风险。对于系统性风险特点，不同的学者看法稍有不同。总结各种观点可以得出，复杂网络系统性风险最典型的特征在于初始风险的累积性和外部性、风险沿路径的传染性以及风险跨网络的关联性。本书在构建"地方政府—银行"二分网络基础上，利用网络整体性与结构性特征相关指标分析我国地方政府债务系统性风险随时间推移的变化趋势。

（一）债券网络度与度分布分析

根据网络理论，地方政府债务网络包括无权债务与赋权债务二分网络，前者用于描述地方政府与金融机构间是否存在债务关系，后者用于量化债务关系强度。

从无权债券网络角度，由图 3.4 可以看出，2018 年至 2022 年，发债省份（节点）数目不变，均为 31，承销机构（节点）数目由 50 家增长至 87 家，地方政府债券与金融机构构成的债券承销关系（边）数目从 275 增长至 466，地方政府无权债券网络的政府节点的平均度分别为 8.87 与 15.03，呈现增长趋势。说明越来越多的金融机构参与地方政府债务承销活动中，且地方政府与金融机构间的直接债务关联关系愈加繁杂以及紧密。

进一步观察 2018 年至 2022 年的债券关系网络的度分布，如图 3.5 与图 3.6 所示，从地方政府端看，2018 年至 2022 年，地方政府债券承销关系数目近似泊松分布。其中，2018 年至 2020 年，地方政府节点度为 5 至 14 的频数

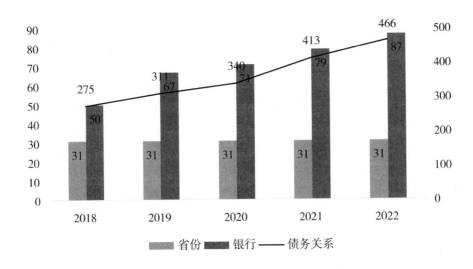

图 3.4 无权债券网络规模与债务关系变化图

合计分别为 0.94、0.87 与 0.77，即多数省份的承销机构数量为 5 家到 14 家，只有少数省份的承销机构数量少于 5 家或多于 14 家，说明地方政府端债务关系网络具有均匀网络的特质。2021 年与 2022 年，地方政府节点度为 11 至 17 的频数合计均为 0.68，即多数省份的承销机构数量为 11 家到 17 家，只有少数省份的承销机构数量少于 11 家或多于 17 家。此外，由图 3.5 看出，从 2018 年至 2022 年，债券关系网络度分布曲线上频数最高点对应的度由 10 变成 15，峰值出现右移，即越来越多的地方政府倾向于选取更多金融机构承销债券，说明地方政府与金融机构间债券承销关系相对更加分散、复杂。

从金融机构端看，地方政府债券承销关系数目近似幂律分布。其中，2018 年至 2022 年，金融机构节点度为 30 和 31 的频数合计分别为 0.08、0.06、0.06、0.05 与 0.05，而节点度为 1 至 12 的频数合计分别高达 0.86、0.90、0.87、0.85 与 0.83，说明少数银行存在较多的债券承销关系，多数银行存在较少的债券承销关系，且金融机构与地方政府间债券承销关系比较稳定。

从赋权债券网络角度，相关统计情况见表 3.8。可以看出，2018 年至 2022 年，地方政府债务规模从 18.47 万亿元增长至 35.07 万亿元，债务平均

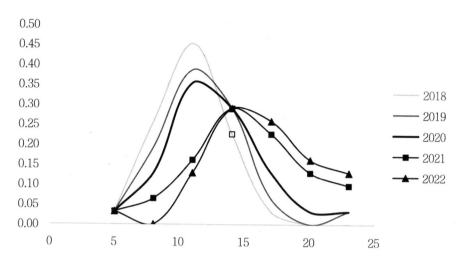

图 3.5　政府端地方政府债务关系网络度分布

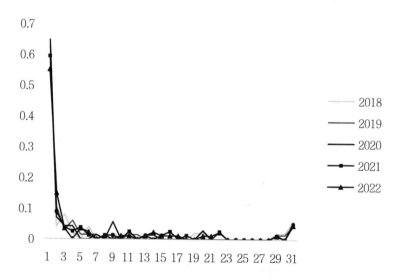

图 3.6　金融机构端地方政府债务关系网络度分布

规模从 0.60 万亿元增长至 1.13 万亿元，政府间债务规模极差从 1.32 万亿元增长至 2.45 万亿元，说明，随债务总规模的上涨，各省平均债务规模差距不断加大，各省债券分布呈分散不均的趋势。

表 3.8　各省债券规模统计汇总

年份	2018	2019	2020	2021	2022
总规模（亿元）	184694.00	213098.00	256554.00	304695.00	350653.00
平均数（亿元）	5957.87	6874.13	8275.94	9828.87	11311.39
中位数（亿元）	5887.00	6586.00	7615.00	8897.00	10565.00
极差（亿元）	13151.00	14624.00	16853.00	19919.00	24503.00
方差	9820301.78	12401949.25	17803000.93	25544255.05	35347138.91
偏度系数	0.35	0.32	0.35	0.39	0.49

由图 3.7 可以看出，2018 年至 2022 年，各省债券分布呈分散不均的态势，债券频数分布都呈正偏态分布，具体而言，2018 年至 2022 年债券规模排名前五的省份的债券余额总计分别为 54824.00 亿元、62841.00 亿元、76519.00 亿元、92036.00 亿元与 107227.00 亿元，占比分别为 29.68%、29.49%、29.83%、30.21% 与 30.58%，即多数省份债券规模较低，少数省份债务规模较高，规模最大的五家地方政府的债券规模占总规模的近 1/3。但由表 3.8 看出，2018 年至 2022 年，偏态系数均大于零，说明各省地方政府债券规模分布具有正偏态，有少数省份地方政府债券规模很高，曲线右侧尾部拖

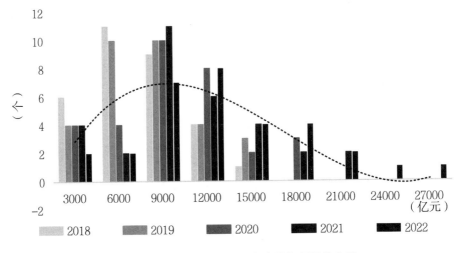

图 3.7　2018 年至 2022 年各省债务频数分布图

得很长。

(二) 债券网络密度分析

从无权债券网络的角度,地方政府债务网络密度为$\rho = M/nm$,其中,n为地方政府节点数量,m为承销机构数量,M为实际债务关系数量,ρ表示网络中节点间债券承销关系的密切程度。由表3.9可以看出,2018年无权债券网络密度为0.18,2019年与2020年均为0.15,2021年与2022年均为0.17,2018年至2022年无权债券网络标准差为0.36至0.38,五年的无权发行债务网络密度和债务关系差异程度都维持相对稳定。

从赋权债券网络的角度,M为网络包含的总债务规模(亿元)。此时,网络密度量化了所有可能存在的债务关系的平均值。2018年至2022年赋权债券密度分别为119.16亿元、102.60亿元、116.56亿元、124.42亿元与130.02亿元,标准差分别为379.26、385.88、450.84、489.17与547.20,说明地方政府债务网络权重上升,且不同债务关系所赋权重的分散化以及差异化程度较高(见表3.9)。

表 3.9 2018 年至 2022 年地方政府债券网络密度汇总

类别	指标	2018	2019	2020	2021	2022
无权网络	密度	0.18	0.15	0.15	0.17	0.17
	标准差	0.38	0.36	0.36	0.37	0.38
赋权网络	密度	119.16	102.60	116.56	124.42	130.02
	标准差	379.26	385.88	450.84	489.17	547.20

(三) 债券网络路径分析

网络中节点距离反映了节点间信息(风险等)传递速度,网络直径与平均路径长度反映了网络的宽度(范围)。对于地方政府债券二分网络,由于其节点主要由两种不同类型节点构成,地方政府债券网络的路径可以分为地方政府间网络、金融机构间网络、地方政府与金融机构间网络以及整个债券网络的路径四种类型(见表3.10)。

表 3.10 地方政府债券网络路径汇总

类别	指标	2018	2019	2020	2021	2022
整体网络	直径	4.00	4.00	4.00	4.00	4.00
	平均路径长度	2.66	2.69	2.68	2.67	2.66
地方政府间网络	直径	2.00	2.00	2.00	2.00	2.00
	平均路径长度	2.00	2.00	2.00	2.00	2.00
金融机构间网络	直径	4.00	4.00	4.00	4.00	4.00
	平均路径长度	3.14	3.14	3.14	3.14	3.14
地方政府与金融机构间网络	直径	3.00	3.00	3.00	3.00	3.00
	平均路径长度	2.65	2.70	2.69	2.66	2.65

对于地方政府间网络，2018 年至 2022 年直径与平均路径长度均为 2，说明地方政府间没有直接债务关联关系，而是通过第三方金融机构形成连接关系，且地方政府债券网络中存在一家或几家金融机构与各地方政府都有债务承销关联关系。对于金融机构间网络，五年直径与平均路径长度分别均为 4 和 3.14，说明金融机构间不存在直接关联关系，都需要地方政府节点构成间接关系，而且不存在一家地方政府与各金融机构都有债券承销关系，大多数金融机构需要两家地方政府才能形成连接。对于地方政府和金融机构间网络，五年的直径都为 3，平均路径分别为 2.65、2.79、2.69、2.66 和 2.65，说明多数地方政府与金融机构间不是直接关联关系，而是通过另外一家地方政府与金融机构形成间接关联。此外，间接反映了存在一家或几家金融机构与各地方政府都有债券关联。对于整体网络，五年的直径均是 4，平均路径长度为 2.67 左右，说明地方政府债券网络中的风险不超过四步就可以扩散到网络中的每一个节点，平均来看，至多三步就可以扩散至每一个节点。

（四）债券网络系统性风险的整体性特征分析

从无权债券网络中节点数目与连线数目增加以及地方政府端度分布峰值右移的情况看，地方债务潜在的系统性风险中直接关联传染愈加复杂，存在少量的地方政府具有较多债券关联关系。但由于我国地方政府债券采用债券承销模式，承销团成员数量与债券发行情况没有直接关联关系，不能仅由关联关系数量判断是否为系统重要性地方政府债务。

从赋权债券网络中地方政府债券规模和密度的扩大以及分布呈现分散不均的趋势，一方面表现了以政府节点为主的风险源面临自身风险因素不断增强的作用，即债务作为风险的危险因素，呈现不断聚集的趋势；另一方面，不同省份地方政府的差异性扩大表现了风险的初始累积以及潜在的传播途径都趋于复杂化。从赋权债券网络中存在少数地方政府具有较大债务规模的情况看，说明存在潜在的少量系统重要性地方政府。分析其中原因，主要是地方政府债务规模较高的省份，如江苏、山东、广东，这些省份一般都是我国实体经济和金融行业活跃的经济大省，这些省份虽然与金融机构的直接关联关系数量有限，但其债券规模较高，自然会对金融机构产生较大的影响。此外，这些省份一般具有较高的土地财政，由此形成的地方政府间的间接关系影响也较大。

从地方政府债券网络直径较小以及网络节点间路径的繁杂来看，全国各地区都暴露在潜在的系统性风险的传播范围之内，一旦初始风险爆发，仅通过债券承销的直接关联关系，风险在进一步传播时将具有快速和广泛的特点，即系统性风险具有较高的影响速率和深度。

第三节　地方政府债务网络系统性风险的结构性特征

（一）债券网络中心性分析

中心性是复杂网络分析中的重要内容，研究了个体或群体在网络结构中的权利或中心地位。常见的中心性分析包括度数中心性、中间中心性以及接近中心性。

对地方政府而言，2018年至2022年，地方政府的度数中心度、中间中心度以及接近中心度的区别不明显，中心度大小比较接近，具体如图3.8至图3.10所示。对金融机构而言，2018年至2022年，金融机构的度数中心度、中间中心度以及接近中心度的表现明显不同于地方政府，金融机构的中心度大小具有明显区别，只有少数金融机构节点分布于中心度网络的核心位置，

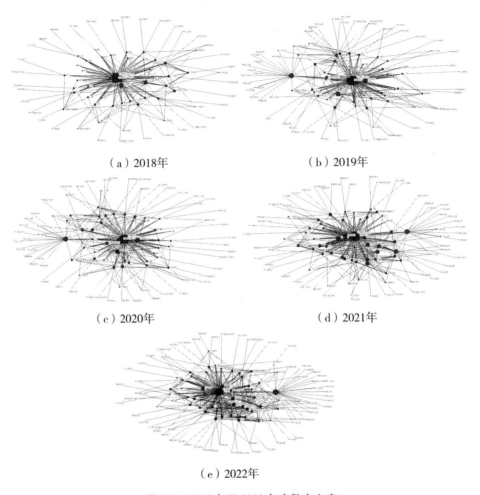

（a）2018年　　　　　　　　（b）2019年

（c）2020年　　　　　　　　（d）2021年

（e）2022年

图 3.8　2018 年至 2022 年度数中心度

而多数金融机构节点分布于中心度网络的周围，如图 3.8 至图 3.10 所示。此外，根据复杂网络理论可知，通常情况下，度数中心度与中间中心度越大，接近中心度越小，也就是说，具有较多关联关系以及位于较多最短路径上的节点，通常也会与其他节点的距离较接近，具有较小接近中心度。这也在2018 年至 2022 年债券网络中心性实证分析中进一步得到验证。由图 3.8 至图3.10 可以看出，五大行以及招商银行、兴业银行、民生银行、上海浦东发展银行以及中信证券位于度数中心度网络与中间中心度网络核心位置，且度数

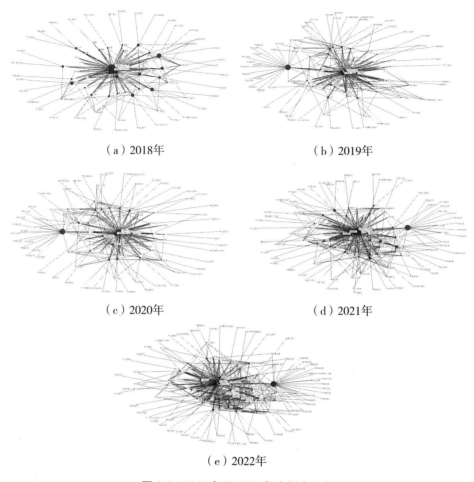

（a）2018年　　　　　　　　　　（b）2019年

（c）2020年　　　　　　　　　　（d）2021年

（e）2022年

图 3.9　2018 年至 2022 年中间中心度

中心度与中间中心度较大。同时，这些金融机构也处于接近中心度网络的核心位置，且接近中心度较小。这与葛鹏飞和黄秀路①的研究发现比较一致，即五大行与兴业银行、浦发银行等是系统重要性银行。

---

①　葛鹏飞，黄秀路. 中国银行业系统性风险的演变：降价抛售传染视角［J］. 财贸经济，2019，40（2）：66-83.

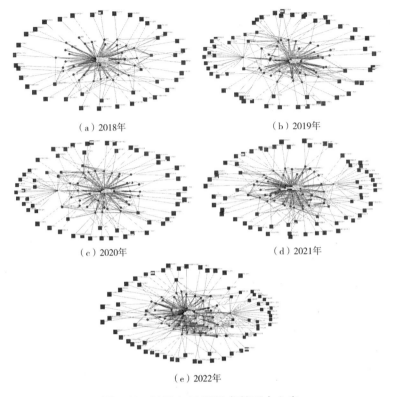

（a）2018年　　　　　　　　　　（b）2019年

（c）2020年　　　　　　　　　　（d）2021年

（e）2022年

图3.10　2018年至2022年接近中心度

（二）债券网络"核心—边缘"分析

在地方政府债券网络分析中，核心区域是部分地方政府与金融机构聚合的区域。由表3.11可知，我国地方政府债券网络存在"核心—边缘"状况。对金融机构而言，2018年至2022年的核心区域均包括五大行，且核心区域的金融机构数量呈现增长趋势。可以看出，银行中心性显著不同，五大行与兴业银行、上海浦东发展银行、中信银行及中银证券是风险传染路径中的重要节点。对地方政府而言，2018年的核心区域由山东、江苏等11个省份构成，其他省份属于边缘区域，2019年由广东、江苏等12个省份构成，2020年由广东、山东等10个省份构成，2021年由广东、浙江等10个省份构成，2022年由四川、河北等11个省份构成，可以看出，2018年至2022年核心区域地方政府数量稳定在10省至12省。

表 3.11 债券网络核心—边缘分析结果

年份	2018		2019		2020		2021		2022	
初始拟合值	0.338		0.294		0.285		0.274		0.263	
最终拟合值	0.816		0.624		0.615		0.617		0.503	
密度矩阵	1	2	1	2	1	2	1	2	1	2
1	1063.336	7.122	746.917	5.947	895.628	7.620	864.834	5.862	632.807	9.818
2	824.489	6.668	581.747	5.267	599.306	7.851	694.759	5.741	648.605	10.032
政府核心区域	11省:安徽、辽宁、上海、天津、湖北、湖南、山西、江苏、江西、河北、山东		12省:安徽、北京、福建、吉林、广东、广西、四川、海南、陕西、浙江、江苏、云南		10省:安徽、江西、四川、黑龙江、广东、山东、贵州、新疆、湖北、湖南		10省:安徽、辽宁、广东、吉林、黑龙江、北京、福建、湖南、江西、河西、河北、浙江		11省:重庆、北京、福建、甘肃、陕西、山西、四川、内蒙古、新疆	
银行核心区域	5家:中国建设银行、中国工商银行、中国农业银行、中国银行、交通银行		9家:中国建设银行、中国工商银行、中国农业银行、交通银行、浦发银行、中信银行、中国邮政储蓄银行		10家:中国建设银行、中国工商银行、中国农业银行、交通银行、广发银行、渤海银行、云南省农商行、晋商银行、中信银行		12家:中国建设银行、中国工商银行、中国农业银行、兴业银行、联储证券、招商银行、申万宏源、上海银行、中金财富、中银证券		13家:中国建设银行、中国工商银行、中国农业银行、兴业银行、吉林省农信社、吉林银行、中信建设平安证券、中银证券、四川银行、国盛证券	

（三）债券网络集中度与脆弱度分析

赫芬达尔指标是评估规模集中度的常用指标，即

$$H(t) = \frac{\sum_{i=1}^{n} d_i(t)^2}{(\sum_{i=1}^{n} d_i(t))^2} \tag{3.1}$$

其中，$d_i(t)$ 代表地方政府 i 在 t 时刻的债务，$H(t)$ 代表 t 时刻地方政府债务集中度。

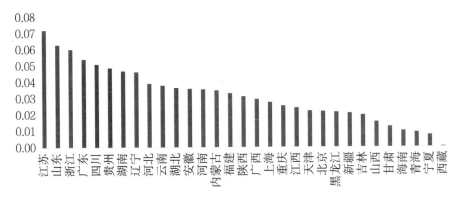

（a）2018 年

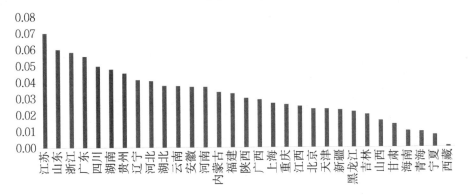

（b）2019 年

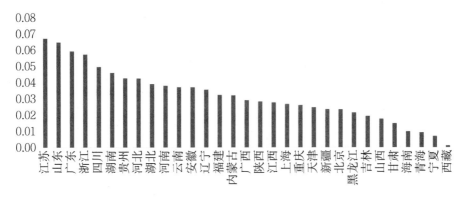

（c）2020 年

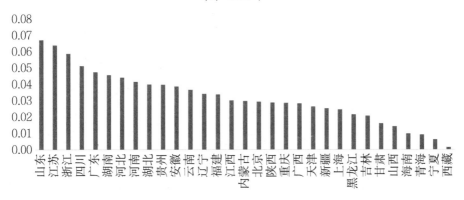

（d）2021 年

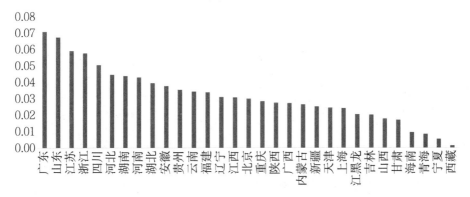

（e）2022 年

图 3.11 2018 年至 2022 年各省集中度分布情况

由 H 的公式可以看出，H 值大于 0，小于等于 1，且随着 H 值增加，地方政府债券发行市场越集中，随着 H 值减小，地方政府债券发行市场越分散。由图 4.11 可以看出，2018 年至 2022 年这五年的 H 指标分别为 0.0413、0.0406、0.0406、0.0402 与 0.0411，$1/H$ 分别为 24.23、24.64、24.63、24.89 与 24.36，表明全国债务主要由近 24 省政府平均发行。

从金融分析角度来看，脆弱度比率越大，机构越脆弱，越容易违约。第三章对我国地方政府债务系统性风险累积进行了深入的分析，发现我国地方政府债务系统性风险不断累积，说明地方政府债务整体网络脆弱度增加，整体网络债务违约风险增加。

（四）债券网络系统性风险的结构性特征分析

中心性在地方政府和银行节点之间的不同特征反映来源于地方政府和银行的初始风险特征不同，各地方政府的中心性差异不大表明其初始风险的影响差异不大，而不同银行显著的中心性差异表明应更注重防范中心性较大的银行节点可能存在的风险。债券网络集中度较稳定与债券网络核心区域缩小的情况，表明在潜在的债券系统性风险比较分散的情况下，地方政府债券网络中聚合区域愈加显著，核心地方政府可能会对整体债券网络的冲击影响作用愈加明显。

第四节　本章小结

本章运用复杂网络理论，利用 2018 年至 2022 年全国各省地方政府债券余额数据，构建 2018 年至 2022 年"地方政府—银行"债券余额承销复杂网络，并对这五年的地方政府债券网络拓扑结构性质及其系统性风险累积特征进行了实证分析，得出如下主要结论。

（1）从债券网络整体性特征看，债券网络关系数量的规模与密度增加，债务额度的规模与密度增加，风险传染路径不长。从 2018 年到 2022 年，无权债务网络关系数量、密度增长幅度较小，地方政府和承销银行间关系愈加复杂，且赋权债券规模总量及债权关系所赋权重增加，债券关系所赋权重由119.16亿元增长至130.02亿元。债务网络中任意两节点间的风险传播最多需要经过四步（三个媒介），平均仅需要三步（两个媒介）。过半数银行间需要通过两个地方政府和一个第三方银行来联系，过半数的政府需要通过另一家银行和地方政府来形成间接联系，这说明债务风险传播路径较短。

（2）债券网络结构性特征可知，银行中心性显著不同，五大行与兴业银行、上海浦东发展银行、中信银行及中银证券是风险传染路径中的重要节点。核心区域的地方政府数量稳定在10省至12省，主要包括山东、江苏、广东、浙江、四川、河北等区域。债券网络的集中度维持稳定。

（3）债券网络系统性风险不断积蓄。一方面，2018年到2022年，地方政府赋权债务网络规模增大，赋权债务网络密度增加，风险呈现不断积聚的趋势。另一方面，土地财政作为主要偿债资金，在其增长乏力且债务持续上升的情形下，政府脆弱度快速增加，债务网络稳定性下降，整体债务网络也呈现脆弱度上升趋势，系统性风险持续累积。说明系统性风险爆发不是突发事件，而是长时间累积后质变的结果。

（4）债券网络系统性风险复杂性增加。首先，网络内部较短的风险传导直径以及节点间多路径关系导致风险传播具有快速和广泛的特点。其次，中心度高的节点在网络中发挥着重要的中介作用，银行节点间较大的中心性差异的存在及政府中心性异常节点的存在增加了债券网络结构和风险传染的复杂性。最后，政府核心区域数量以及政府间债务关联性呈现减少状态。

（5）复杂网络用于研究地方债务系统性风险特征具有适用性。本书引入复杂网络研究方法为地方政府债务系统性风险累积问题研究提供新的理解视角和实证支持，对辨识地方政府区域债务风险、系统性风险及其特征，支持我国政府监管部门精准防控风险，降低风险损失具有重要的意义。

第四章

土地市场波动与地方政府债务关联及系统性风险爆发机理

中国土地制度下，土地要素在地方政府债务系统性风险问题中扮演着重要角色。土地不仅对地方政府债务系统性风险累积起到了推波助澜的作用，而且致使地方政府面临共同的土地风险敞口。一旦土地市场下行，极易导致地方政府同时面临债务流动性危机，进而可能触发地方政府债务系统性风险。本章主要对土地市场与地方政府债务关联以及土地市场波动与地方政府债务系统性风险爆发机理进行探究。

第一节　土地市场与土地市场波动

（一）土地市场内涵

土地市场是指土地交易活动和场所的总称。我国土地市场分为土地一级市场和土地二级市场。其中，前者又称为土地出让市场，其主要市场活动是国家把土地使用权出让给使用者，并收取土地出让金。后者即土地使用权转让市场，其主要市场活动是土地使用者将土地使用权出售、交换、赠与等。按照《中华人民共和国城市房地产管理法》规定，土地转让必须达到投资25%的比例，所以，我国土地二级市场并不纯粹，准确说是在建工程转让。土地二级市场的各种限制，使得土地二级市场的交易常常通过企业股权交易方式实现。此外，新增土地的垄断供应，使得我国土地市场风险主要体现在土地出让市场风险①。本书中土地市场指土地一级市场，即土地出让市场。

（二）土地市场波动内涵

现有学者对土地财政、土地抵押以及土地价格波动影响因素进行了大量研究，而直接研究土地市场波动的文献相对较少。王永钦②认为，土地市场波动包括价格波动与数量波动。况伟大和王湘君③在王永钦①的基础上，从土地出让收入波动、土地出让面积波动与土地出让价格波动三个方面考察了土地市场波动情况，并根据波动方向不同，将土地市场波动分为向上波动与向下波动两种情况，研究发现土地市场向上波动降低城投债风险，向下波动影响不显著，但土地出让面积波动对城投债风险的影响大于土地出让收入和价格波动。龙浩等④与何芳等⑤则认为，长期来看，地价不是持续平稳增长，而是围绕长期的增长趋势呈现周期性的上下波动特征，进而导致收益或损失的不确定性。

土地市场作为房地产市场重要的要素市场，我们可以借鉴房地产市场波动的定义来进一步探究土地市场波动的内涵。通过检索文献我们发现，与土地市场波动研究偏少形成反差的是，学者们对房地产市场波动进行了较多研究。目前，学术界尚未给出一个统一的、权威的房地产市场波动的定义。整体而言，房地产市场波动的内涵主要有三种观点：一是，房地产周期⑥角度。张元端⑦最先分析了中国的房地产周期波动现象，发现其与国民经济周期基本

---

① 何芳，滕秀秀，陈熙. 土地市场对地方政府性债务风险压力与系统性传染效应研究［M］. 上海：同济大学出版社，2019.

② 王永钦. 中国地方政府融资平台的经济学：效率、风险与政策选择［M］. 上海：格致出版社，上海人民出版社，2014.

③ 况伟大，王湘君. 土地市场波动、限购与地方债交易市场风险——来自中国城投债交易市场的证据［J］. 中国软科学，2019（10）：39-49.

④ 龙浩，何芳，范徽. 土地出让市场的风险识别与评估［J］. 中国房地产，2018（30）：10-18.

⑤ 何芳，滕秀秀，陈熙. 土地市场对地方政府性债务风险压力与系统性传染效应研究［M］. 上海：同济大学出版社，2019.

⑥ 房地产周期是房地产经济水平的周期循环的经济现象，它反映了房地产市场波动的相似性和规律性。房地产经济周期分为两个过程四个阶段，即扩张过程和收缩过程，在这两个过程中又可分为复苏、繁荣、衰退和萧条阶段四个阶段。

⑦ 张元端. 新的经济增长点与房地产业周期波动规律［J］. 中国房地产，1996（12）：9-10.

吻合。卓菁①认为房地产业由于受到内外因素影响，会形成一定的周期波动。二是，时间序列理论角度。曲波等②与时筠仑③认为，长期来看房地产市场波动是房地产经济变量随时间推移总体呈增长趋势，局部呈上下波动的状态。三是，综合多种波动的角度。宫圆圆等④认为房地产市场波动包括长期趋势、季节波动、随机波动与周期波动。同时，学者们主要利用单指标和合成指标对其进行描述。常见的指标包括房地产投资完成额、房地产开发面积、房屋销售额、房地产市场价格、出租面积、租金等。其中，房地产销售价格是衡量市场波动变化的敏感指标⑤⑥。

本书中土地市场波动指土地经济变量在时间序列上呈现上下震动的运行状态，具体表现为土地出让价格与土地出让收入上下波动。

第二节　土地市场与地方政府债务关联分析

由文献综述第一节第四部分梳理可知，现有学者主要从土地财政层面对土地市场与地方政府债务关联关系进行了一定的研究。但在以下两个方面还存在明显不足：一方面，现有研究多集中于土地财政与地方政府债务简单的事实关系与统计学关系，缺少理论性的基础研究与规范研究。另一方面，现有研究多从地方政府债务整体视角进行相关研究，而对于地方政府债务分门别类纳入预算管理之后的研究较少，这也导致原有的研究不够细化和全面，不能准确反映土地财政与一般债务及专项债务间的关联关系。为弥补现有土地市场与地方债务关联研究的不足，本书基于预算视角与融资视角，分别对

---

① 卓菁. 房地产周期波动研究述评 [J]. 商业时代，2009 (4)：91-92.

② 曲波，谢经荣，王玮. 中国房地产周期波动的评介与探析 [J]. 中国房地产金融，2003 (2)：10-13.

③ 时筠仑. 房地产波动规律研究 [D]. 上海：同济大学，2005.

④ 宫圆圆，郑文博，杨越. 房地产市场波动理论分析 [J]. 沈阳建筑大学学报（社会科学版），2011，13 (4)：426-429.

⑤ 王轶. 我国房地产周期波动的分析研究 [D]. 武汉：武汉理工大学，2006.

⑥ 祁神军，万清，张云波，等. 房地产周期波动及价格趋势分析与预测 [J]. 武汉理工大学学报（信息与管理工程版），2011，33 (2)：288-291.

土地市场与地方政府债务关联关系进行深入分析。

一、基于预算视角的分析

考虑到土地财政与地方政府债务均是地方政府重要财政收支活动，土地财政是分析土地市场和地方债务关联关系的重要突破口和研究视角，故本书继续从土地财政层面对土地市场与地方政府债务事实关系进行探究。其次，预算作为财政收支活动的重要表现形式与法定载体①，是分析土地财政与地方债务事实关系的重要工具。因此，结合地方债务内涵与发展状况分析，我们首先对土地财政内涵与发展状况进行分析，进而构建地方政府预算体系，在此基础上对土地财政与地方政府债务的事实关联关系进行全面、规范的研究。

（一）土地财政及发展状况

1. 土地财政的内涵

20 世纪末以来，学者和政府对地方政府的"土地财政"进行了大量研究②③④。但目前对"土地财政"的概念还没有形成统一的界定。邓子基和唐文倩⑤认为，土地财政是指以政府为主体、围绕土地所进行的财政收支活动。唐在富⑥认为，土地财政是一种对土地资源高度依赖的财政运行形态。吴冠岑⑦认为，土地财政为地方政府利用土地管理权在土地取得、开发以及交易等环节中获取的财政收入来增加财政支出能力的行为。

土地财政涉及范围较广、表现形式多样。吴冠岑⑦在考察国内文献基础

---

① 唐云锋，高剑平．公共财政体制的特征及制度框架研究［J］．学术论坛，2006（1）：109-112.

② 周飞舟．大兴土木：土地财政与地方政府行为［J］．经济社会体制比较，2010（3）：77-89.

③ 陈永正，董忻璐．土地财政对地方财力及公共服务供给的影响研究述评［J］．上海行政学院学报，2015，16（5）：101-111.

④ 张莉，王贤彬，徐现祥．财政激励、晋升激励与地方官员的土地出让行为［J］．中国工业经济，2011（4）：35-43.

⑤ 邓子基，唐文倩．"土地财政"与我国地方财政收入的平稳转型［J］．福建论坛（人文社会科学版），2012（4）：4-9.

⑥ 唐在富．中国土地财政基本理论研究——土地财政的起源、本质、风险与未来［J］．经济经纬，2012（2）：140-145.

⑦ 吴冠岑．土地供给、分配机制与地方财政风险防范［J］．改革，2012（4）：46-51.

上，对土地财政分类给出了较全面介绍。具体而言，土地财政被划分为三类，土地税收相关收入归纳为土地财政Ⅰ，与土地相关的非税收收入归纳为土地财政Ⅱ，通过土地资产获得抵押收入和制度外收入归结为土地财政Ⅲ。

本书中土地财政主要由土地财政Ⅰ与土地财政Ⅱ两部分构成。由于土地的间接税收在数据方面无法剥离营业税、企业所得税中与土地财政相关的收入种类①，一般土地财政Ⅰ仅考虑土地直接税收收入。土地财政Ⅱ主要是土地的非税收收入，一般采用土地出让收入来表示②。因此，本书中土地财政的估算公式为土地财政=土地出让收入+土地相关的五种税收收入。

2. 土地财政起源与历史演化

土地财政作为地方政府重要财政收支活动，其发展不仅与自身土地制度密切相关，而且与财政制度（如分税制、财政转移支付制度以及地方政府财权与事权分配制度）乃至经济制度均相关。因此，对地方政府土地财政的产生与演化的讨论应内置于我国财税体制的变迁中来认识。依据我国政府财税体制的关键节点，土地财政的演化大致分为三个阶段。

（1）土地财政初见端倪（1989年至1994年）

中国地方经济发展的大突破始于20世纪80年代后期。当时除规模较小且增长缓慢的预算内财政收入外，地方政府广开财源，积极寻求预算外和不纳入预算管理的体制外收入（也称非预算资金收入）。其中，非预算资金的主体是农业上的提留统筹和土地转让收入。相对于预算外资金，对于非预算资金，上级政府则往往连具体的数量也不清楚。

中华人民共和国成立后的一段时间内，政府对城市土地实行有偿使用制度。1954年以后，国家实施计划经济管理模式，随之土地有偿使用制也被取消。改革开放之后，随着经济、财政等体制改革的逐步推进，城市土地制度改革也被提上日程。1988年下半年，深圳率先引入市场机制，正式拉开了城市国有土地使用制度改革的序幕。随后，深圳等经济特区开始效仿香港，通

---

① 吴冠岑，牛星，田伟利. 我国土地财政规模与区域特性分析［J］. 经济地理，2013，33（7）：127-132.

② 牛星，吴冠岑. 我国土地财政规模的区域差异比较分析——基于1999—2009省级层面的数据［J］. 管理现代化，2012（5）：18-20.

过出让土地使用权，为地方政府增加财政收入。1988年12月1日，深圳市首次公开拍卖了一块面积为8588平方米的地块，敲响了1949年以来国有土地拍卖的"第一槌"。随后，在上海等城市进行土地使用制度改革试点，土地使用制度改革的序幕进一步被拉开。1988年，《中华人民共和国宪法》和《中华人民共和国土地管理法》规定：依法试行城市土地有偿使用制度。同时，城市土地税收和收费制度也得以发展。1990年，《中华人民共和国城镇国有土地使用权出让和转让暂行条例》颁布，标志着中国城市土地有偿使用制度的正式确立。

随着土地制度改革的推进，截至1994年年底，地方政府一般公共预算本级收入为2311.60亿元，地方政府预算外资金收入为1589.21亿元，预算外资金收入占地方政府本级财政收入的比例高达68.32%。相比之下，国有建设用地出让成交价款为359.28亿元，仅占地方政府本级财政收入的15.54%。可以看出，该阶段内地方政府通过土地出让获取的非预算收入规模虽然有限，但土地制度一系列的改革，为地方政府走向"土地财政"奠定了制度基础。

（2）土地财政规模膨胀（1995年至2014年）

1994年，我国实施了财政预算体制的重大改革，并颁布了《中华人民共和国预算法》。此时，政府财政预算主要指以税收为主的政府公共财政预算。1996年，国务院通过了《关于加强预算外资金管理的决定》，政府性基金预算初见端倪。随后，财政部颁布了《政府性基金预算管理办法》，并规定自1998年开始设立政府性基金预算。至此，政府性基金预算的概念初步形成。1999年，国家启动新的预算制度改革，提出要对各部门的全部收支实行综合预算，对财政预算中的预算内收入、预算外收入和非预算收入进行规范管理，至此，政府财政分类预算的概念逐步形成①。2008年，政府实施收支分类改革，规定用非税收收入替代预算外资金收入在财政收入中的地位。2010年，财政部印发《政府性基金管理暂行办法》，标志着政府性基金预算进入规范发展阶段。同年，财政部向全国人大正式编报政府性基金预算决算，并对外公布。随着政府性基金预算的发展，政府性基金预算不仅包含财政部门历年公

---

① 徐全红.我国全口径预算管理的问题与改革路径选择［J］.经济研究参考，2018（28）：19-30.

示的政府性基金（简称目录基金①），还包含了大量未列入基金目录清单的政府性基金（简称非目录基金）。换言之，除目录基金项目外，部分非目录基金项目也被纳入政府性基金预算管理。如 2016 年政府性基金预算收入科目包含38 项，而 2015 年全国政府性基金目录清单中被列入的项目仅 22 项，其他 16项均属于非目录基金项目。

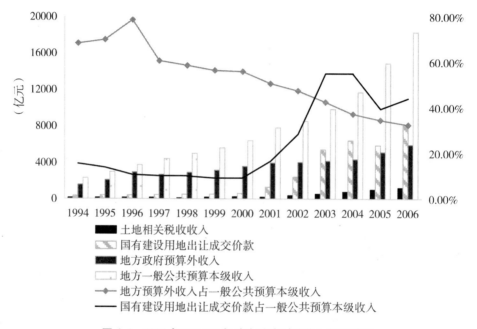

图 4.1　1994 年至 2006 年地方政府财政收入相关情况

数据来源：《中国统计年鉴》《中国国土资源年鉴》。

随着各级政府、各部门、各单位加强对预算外资金的管理，1995 年到2006 年，地方政府预算外资金收入从 2088.93 亿元仅增长至 5940.88 亿元，增长了不足 2 倍，地方政府预算外资金收入占地方政府一般公共预算本级收入的比例也从 69.98%降低至 32.46%（图 4.1），说明预算外资金收入对地方

---

① 政府性基金项目目录，财政部于每年 3 月 31 日前编制截至上年 12 月 31 日的《全国政府性基金目录清单》，各省、自治区、直辖市财政部门于每年 4 月 30 日前编制截至上年12 月 31 日在本行政区域范围内实施的政府性基金项目，向社会公布。

政府财政的补充作用逐渐降低。相比之下，随着 1998 年住房制度改革、2001 年土地储备制度创新与 2002 年土地招拍挂制度创新的推进，全国土地出让金收入从 412.86 亿元涨到 8088.64 亿元，上涨了近 19 倍，土地出让金收入占地方政府一般公共预算本级收入的比例也从 13.83% 增长至 44.13%。可见，土地出让收入逐渐成为地方政府除预算内资金外的主要财政来源。与此同时，房地产业的发展带动了水泥、钢铁等行业的发展，进而促进了政府税收收入的增长，1995 年到 2006 年，土地相关税收收入也从 52.80 亿元增长至 1215.60 亿元，上涨了约 22 倍。总之，土地出让金与土地相关税收分别成为地方政府重要的非预算收入与预算内收入，为地方政府提供了大量财政资金，为地方经济增长发挥了重要作用。

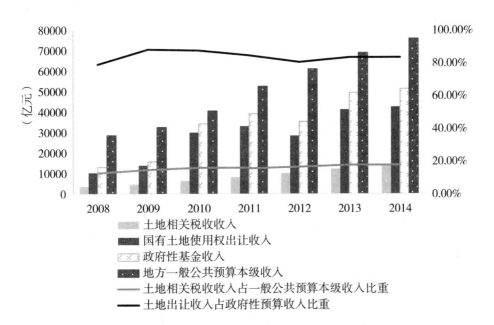

图 4.2 2008 年至 2014 年土地相关税收与土地出让收入相关情况

数据来源：2009 年至 2015 年的《中国统计年鉴》与《中国国土资源年鉴》。

2006 年年底，为加强土地管理，国办发〔2006〕100 号文规定，土地出让收支全额归于地方基金预算管理①。2008 年，土地出让金收支情况首次被纳入《关于 2008 年中央和地方预算执行情况与 2009 年中央和地方预算草案的报告》。2010 年起，随着政府性基金预算进入规范发展阶段，土地使用权出让收支作为地方政府性基金重要组成部分，也正式被纳入预算管理②。可见，随着土地出让收入规模的持续扩张，土地出让收支管理逐渐从不纳入预算管理的体制外收入走向地方政府预算管理。由图 4.2 可以看出，2008 年到 2014 年，土地相关税收收入由 3656.61 亿增加到 13818.69 亿，其占一般公共预算本级收入比例从 12.86%增长到 18.21%。可见，土地相关税收收入对地方政府公共财政收入的作用愈加重要。与此同时，土地出让相关收入从 10385.28 亿元增长至 42606.08 亿元，其占政府性基金收入比例较高且比较稳定，高约 85%。可见，土地出让收入是地方政府性基金收入的主要组成部分，为地方政府提供了大量的财政收入。

（3）土地财政规范化管理（2015 年至今）

2014 年 8 月，修订后的新《中华人民共和国预算法》重新颁布。新《中华人民共和国预算法》旨在规范政府收支行为，强化预算约束，成为财政领域的基本法律制度。新《中华人民共和国预算法》建立了包括中央和地方两个层面的由一般公共预算、政府性基金预算、国有资本经营预算与社会保险基金预算构成的全口径预算体系（通常所称财政预算四本账③），从法律制度层面把政府的全部收入和支出全部纳入预算管理。

随着政府财政全口径预算管理体系的建立，土地出让收支管理真正实现了从依靠财经纪律与道德约束走向依靠法律与制度。至此，土地相关税收收入与土地出让金收入均从法律层面分别被纳入地方政府一般公共预算与地方政府性基金预算（图 4.3）。可以说，新法实施后，我国地方政府土地财政管理将进入一个新阶段。由图 4.4 可以看出，2015 年至 2019 年，土地相关税收

① 详见《国务院办公厅关于规范国有土地使用权出让收支管理的通知》（国办发〔2006〕100 号）。

② 值得注意的是，历年的《全国政府性基金目录清单》中不包含国有土地使用权出让项目，土地使用权出让收支项目属于非目录基金项目。

③ 一般公共预算始于新中国成立时，政府性基金预算始于 1997 年，国有资本经营预算始于 2007 年，社会保险基金预算始于 2014 年。

收入从 14020.88 亿元增长至 19215.72 亿元，占一般公共预算本级收入比例从 16.89%增长到 17.67%。土地出让收入从 32545.85 亿元增长至 57996.00 亿元，占政府性基金收入比例从 82.28%增长至 89.69%。土地财政收入占地方政府财政收入（指地方一般公共预算本级收入与政府性基金收入之和）的比重则从 37.99%增长至 46.95%，可以看出，土地财政对地方政府财政收入的贡献呈增长趋势，且贡献度最高达一半比例。

图 4.3　土地财政相关预算与地方政府预算体系关系图

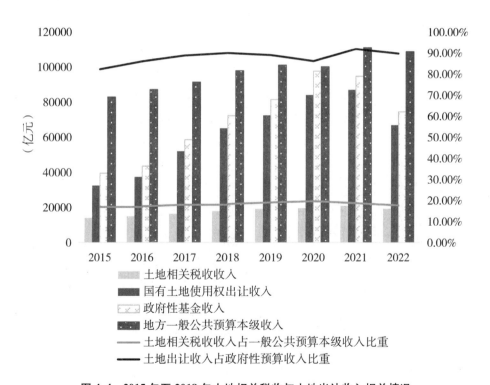

图 4.4　2015 年至 2018 年土地相关税收与土地出让收入相关情况

通过梳理我国土地财政的起源与历史演化可以看出,随着政府财税制度的不断完善,土地财政的管理由非预算管理走向财政预算管理,由仅依靠道德约束走向依靠法律管理,由缺乏监管向受人大的严格审查和监管过渡。总之,土地财政的管理逐渐走向规范化与法治化。土地财政为地方政府增加财源、扩大投资、发展经济以及在 GDP 锦标赛中获取晋升发挥了重要作用。

(二)地方政府预算体系分析框架

新《中华人民共和国预算法》实施后,政府法律层面上全口径预算管理体系正式建立。首先,对于一般公共预算,按照《政府收支分类科目》,一般公共预算可分为税收预算、非税收预算、一般债务预算与转移性预算。其中,根据是否与土地相关,税收预算又分为土地相关税收预算与非土地相关税收预算。其次,对于政府性基金预算,吴旭东和张果[1]根据不同的财政收入形态,将我国政府性基金项目划分为六种类别:特征目的税性质基金(如铁路建设基金)、资源税性质基金(如森林植被恢复费)、环境税性质基金(如船舶油污损害赔偿基金)、附加税性质基金(如地方教育附加)、使用费性质基金(如旅游发展基金)与共有资产性质基金(如国有土地使用权出让金)。邓秋云和邓力平[2]则根据政府性基金项目是否来源于基金目录将我国政府性基金项目划分为狭义的政府性基金项目和广义的政府性基金项目,前者指政府性基金目录中的基金项目,后者指以土地类为主要代表的纳入政府性基金预算的非目录政府性基金项目。其中,土地类政府性基金[3]与狭义的政府性基金项目均具有专款专用的性质,这也决定了它们适合被纳入政府性基金预算管理。值得注意的是,土地类政府性基金在"无偿性"方面与狭义的政府性基金项目有所区别,土地类政府基金收入中包含着征地和拆迁补偿、土地开发等成本,剩余部分收入才是具有真正"无偿性"的基金收入。本书参考邓秋云和邓力平[2]的研究成果,将地方政府性基金预算分为土地使用权出让预算、其他政府性基金本

---

① 吴旭东,张果. 我国政府性基金的性质、规模与结构研究 [J]. 财经问题研究,2014
   (11):23-28.
② 邓秋云,邓力平. 政府性基金预算:基于中国特色财政的理解 [J]. 财政研究,2016
   (7):2-10.
③ 国有土地收益基金收入、农业土地开发资金收入、国有土地使用权出让金收入三项与土地收益相关联的广义政府性基金项目,一般统称为"土地类政府性基金"。

级预算、转移性预算与专项债务预算。由此，得到地方政府预算体系框架如图 4.5 所示。

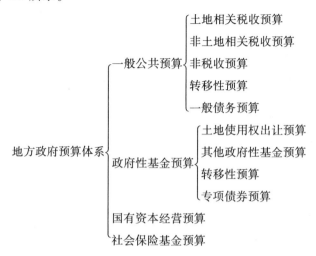

图 4.5　地方政府预算体系框架图

根据地方政府预算体系框架图，地方政府预算收入包括一般公共预算收入、政府性基金收入、国有资本经营收入以及社会保险基金收入四项。值得注意的是，不同于土地相关税收收入直接在一般公共预算收入线上反映，一般债券收入是在一般公共预算收入线下反映①。同时，土地出让收入与专项债券收入也分别是在地方政府性基金预算收入线上与线下反映②。由此，得到我国地方政府预算收入体系如图 4.6 所示。

（三）事实关系分析

根据地方政府预算体系框架图（图 4.5）可以看出，土地财政预算与地方政府债务预算均是地方政府预算管理体系的重要组成部分。具体而言，土地相关税收预算与一般债务预算属于地方政府一般公共预算，土地使用权出让预算与专项债务预算属于地方政府性基金预算。也就是说，土地财政预算与地方政府债务预算属于地方政府一般公共预算与政府性基金预算范畴，与国有资本经营预算和社会保险基金预算不存在直接关联关系。

---

① 《地方政府一般债务预算管理办法》（财预〔2016〕154 号）。
② 《地方政府专项债务预算管理办法》（财预〔2016〕155 号）。

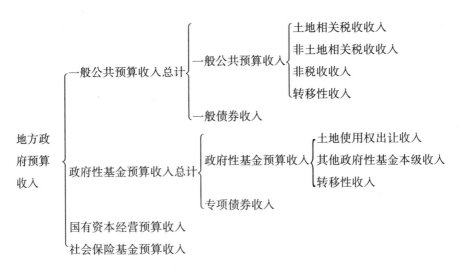

图 4.6 地方政府预算收入体系

根据地方政府预算收入体系（图 4.6）可以看出，土地相关税收收入与一般债券收入是地方政府一般公共预算收入总计的重要组成部分，土地使用权出让收入与专项债券收入是地方政府性基金预算收入总计的重要组成部分。根据财政部公布的数据，2022 年，土地相关税收收入与一般债券收入分别为 1.92 万亿与 2.24 万亿，分别占一般公共预算收入总计的比例为 9.33% 与 10.86%，说明土地相关税收收入与一般债券收入对一般公共预算收入总计的贡献度相近，两者为一般公共预算收入总计贡献约 1/5 财力。同时，2022 年，土地出让收入与专项债券收入分别为 6.69 万亿与 5.13 万亿，分别占政府性基金预算收入总计比例为 89.69% 与 68.84%，说明土地出让收入对政府性基金预算收入总计贡献度高于专项债券收入，且两者收入总额占政府性基金预算收入总计的绝对主导地位。

二、基于融资视角的分析

上文通过构建地方政府预算体系主要对土地财政与地方政府债务的纵向事实关系进行了分析。新《中华人民共和国预算法》实施后，地方政府债券成为地方政府唯一法定外源融资方式，且地方政府一般债券与专项债券分别对应不同的融资机制。基于此，本书从融资视角，利用地方政府预算收入体系，构建地方政府融资形式框架，对一般债务、专项债务与土地财政关联关

系进行纵向与横向的全面分析。在此基础上，分析土地市场与地方政府债务
互动关联关系。

（五）地方政府融资形式分析框架

根据融资风险理论，地方政府融资可分为内源融资与外源融资两种方式。
地方政府内源融资是运用地方政府自有资金满足融资需求，包括一般公共预
算收入、政府性基金收入、国有资本经营收入与社会保险基金收入。其中，
一般公共预算收入和政府性基金收入都是由地方政府凭借政治权利强制征
收①，是地方政府内源融资的重要组成部分，用于提供公共产品和服务，满足
社会公共需求。值得注意的是，虽然地方一般公共预算收入与地方政府性基
金收入均属于地方政府内源融资收入重要组成部分，但两者的功能定位是不
同的。一般公共收入主要用于提供公共服务，保障和改善民生②，而政府性基
金预算收入主要着眼于促"发展"，用于提供特定公共基础设施或者公共事
业③，是弥补经济发展所缺的某种构成要素②④。此外，不同于一般公共预算
收入，地方政府性基金具有较强的政策性和时效性，故政府性基金收入通常
不如一般公共预算收入稳定，容易发生较大波动。根据是否与土地相关，地
方政府一般公共预算收入又分为土地相关税收收入与其他一般公共预算收入
（包括非土地相关税收收入、非税收收入及转移性收入）。地方政府性基金收
入又分为土地出让收入与其他政府性基金收入（包括除土地出让收入外其他
政府性基金本级收入与转移性收入）。

地方政府外源融资是地方政府向自身以外的资金盈余部门筹集资金，满
足资金需求。新《中华人民共和国预算法》规定，地方政府举借债务只能通
过发行地方债券的方式，不得采取其他方式。也就是说，我国地方政府外源
融资仅包括发行一般债券与专项债券两种形式，不包括其他形式。同时，随
着《中华人民共和国预算法》实施，地方政府规范的举债融资机制也随之建
立起来。一般债券主要以一般公共预算收入偿还；专项债券主要以对应的政

---

① 徐宗燚. 关于加强政府性基金管理有关问题探讨 [EB/OL]. 长江巴东网，2010-08-23.

② 邓力平. 中国特色社会主义财政、预算制度与预算审查 [J]. 厦门大学学报（哲学社会
科学版），2014（4）：16-23.

③ 吴旭东，张果. 我国政府性基金的性质、规模与结构研究 [J]. 财经问题研究，2014
（11）：23-28.

④ 文宗瑜. 政府全口径预算 推转型、促民生 [J]. 北京人大，2014（2）：46.

府性基金或专项收入偿还。

通过上述分析，本书构建地方政府融资分析框架如图 4.7 所示。根据地方政府融资分析框架，不仅可以对土地财政与地方政府债务纵向从属关系进行分析，而且可以对两者间横向关联关系进行分析。地方政府融资分析框架也为研究土地市场波动与地方债务系统性风险爆发机理、分析土地市场波动对地方债务系统性风险传染机理奠定基础。

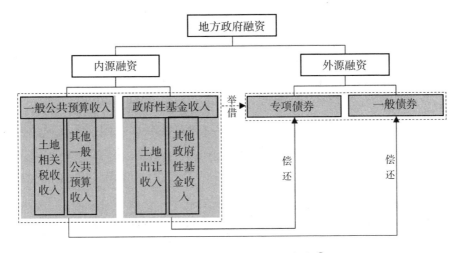

图 4.7　地方政府融资形式分析框架①

（二）事实关系分析

1. 土地财政与地方政府债务均是地方政府重要融资资金来源

表 4.1　2015 年至 2022 年地方政府内源融资情况（单位：万亿）

时间	城镇土地使用税	土地增值税	耕地占用税	契税	房产税	土地相关税收收入合计	土地出让收入	土地财政合计	土地财政占比（%）	内源融资合计
2015	0.21	0.38	0.21	0.39	0.21	1.40	3.25	4.66	26.21	18.88

---

① 考虑到国有资本经营预算收入与社会保险基金预算收入与土地财政收入不存在直接关联关系。同时，地方国有资本经营预算收入规模极低以及社会保险基金收入专项用于社会保险的性质。本书地方政府内源融资主要包括一般公共预算收入与政府性基金收入两项。

续表

时间	城镇土地使用税	土地增值税	耕地占用税	契税	房产税	土地相关税收收入合计	土地出让收入	土地财政合计	土地财政占比（%）	内源融资合计
2016	0.23	0.42	0.20	0.43	0.22	1.50	3.85	5.25	28.60	19.02
2017	0.24	0.49	0.18	0.49	0.26	1.64	5.21	6.85	31.84	21.52
2018	0.24	0.56	0.13	0.58	0.29	1.80	6.51	8.31	34.62	23.99
2019	0.22	0.65	0.14	0.62	0.30	1.93	7.26	9.18	35.73	25.70
2020	0.21	0.65	0.13	0.71	0.28	1.97	8.41	10.38	36.94	28.11
2021	0.21	0.69	0.11	0.74	0.33	2.08	8.71	10.78	37.44	28.80
2022	0.22	0.63	0.13	0.58	0.36	1.92	6.69	8.61	30.68	28.05

资料来源：财政部

　　土地财政是地方政府重要内源融资资金来源。由图5.7可以看出，土地相关税收收入与土地出让收入分别作为一般公共预算收入与政府性基金收入组成部分，促使土地财政成为地方政府的内源融资资金来源之一。根据财政部公布的数据，2015年至2022年，我国地方政府内源融资情况如表5.1所示。可以看出，2015年至2022年，土地相关税收收入（包括城镇土地使用税、土地增值税、耕地占用税、契税、房产税）分别为1.40万亿元、1.50万亿元、1.64万亿元、1.80万亿元、1.93万亿元、1.97万亿元、2.08万亿元与1.92万亿元，土地出让收入分别为3.25万亿元、3.85万亿元、5.21万亿元、6.51万亿元、7.26万亿元、8.41万亿元、8.71万亿元与6.69万亿元，土地财政收入从4.66万亿元增长至8.61万亿元，土地财政收入占地方政府内源融资比例从26.21%增长至30.68%，说明土地财政收入对地方政府内源融资的贡献逐渐增加，地方政府约1/3的内源融资资金来自土地财政。

　　地方政府债券是地方政府唯一法定外源融资资金来源。新《中华人民共和国预算法》实施前，地方政府没有举债权利，主要利用融资平台借债，城投信贷、城投债券是地方政府主要外源融资来源。新《中华人民共和国预算法》实施后，地方政府被赋予举债的权利，且其利用融资平台举债的通道被关闭，发行地方政府一般债券与专项债券成为唯一法定外源融资方式。新

119

《中华人民共和国预算法》实施后，地方政府开始大量发行地方政府债券，地方政府债券成为地方解决经济发展资金不足、满足官员政绩需求的最佳策略①②。

按偿债资金来源划分，地方债券可分为一般债券和专项债券。由表4.2可知，2015年至2022年，地方政府债券发行规模分别为3.84万亿元、6.06万亿元、4.36万亿元、4.18万亿元、4.36万亿元、6.44万亿元、7.49万亿元与7.37万亿元，整体呈现逐年增加的趋势，地方政府债务对扩充地方政府财力发挥了重要作用。同时，由表4.2还可以看出，2015年至2022年，地方政府发行专项债券规模与其占地方政府债务发行总额的比例显著增加，2019年，专项债券发行额超过一般债券发行额，发行额占比达到59.33%，2022年，专项债券发行额占比高达69.65%。

表4.2 2015年至2022年地方政府债务发行情况——按偿债资金来源

时间	规模（万亿）			占比（%）	
	合计	一般债券	专项债券	一般债券	专项债券
2015	3.84	2.86	0.98	84.59	25.41
2016	6.06	3.55	2.51	58.56	41.44
2017	4.36	2.36	2.00	54.20	45.80
2018	4.18	2.22	1.95	53.28	46.82
2019	4.36	1.77	2.59	40.67	59.33
2020	6.44	2.30	4.14	35.75	64.25
2021	7.49	2.57	4.92	34.27	65.73
2022	7.37	2.24	5.13	30.35	69.65

资料来源：财政部

按资金用途，地方债券分为置换债券、再融资债券以及新增债券。由表

---

① 蒲丹琳，王善平. 官员晋升激励、经济责任审计与地方政府投融资平台债务 [J]. 会计研究，2014 (5)：88-93，95.
② 沈雨婷. 财政分权与晋升激励对地方政府债务影响研究 [J]. 甘肃社会科学，2019 (1)：172-178.

4.3 可知，2015 年至 2022 年，新增债券从 0.59 万亿元增长至 4.76 万亿元，说明地方政府对新增债券融资资金的需求呈现增长趋势。同时，2015 年至 2020 年，置换债券从 3.24 万亿元减少至 0.00 万亿元，再融资债券从 2018 年的 0.68 万亿元增长至 2022 年的 2.61 万亿元，说明随着存量政府债务置换工作的开展，早期发行的地方政府债券逐渐到期，且地方政府通过发行再融资债券偿还到期政府债券的规模较大。

表 4.3　2015 年至 2022 年地方政府债务发行情况——按资金用途

时间	规模（万亿）			占比（%）		
	新增债券	置换债券	再融资债券	新增债券	置换债券	再融资债券
2015	0.59	3.24	0.00	15.42	84.58	0.00
2016	1.18	4.88	0.00	19.35	80.65	0.00
2017	1.59	2.88	0.00	36.48	63.52	0.00
2018	2.18	1.31	0.68	52.11	31.52	16.38
2019	3.06	0.16	1.15	70.06	3.62	26.32
2020	4.55	0.00	1.89	70.65	0.00	29.35
2021	4.37	0.00	3.12	58.36	0.00	41.64
2022	4.76	0.00	2.61	64.56	0.00	35.44

资料来源：财政部

综上，土地财政与地方政府债券是地方政府重要融资资金来源。由表 5.4 可知，2015 年至 2022 年，土地财政收入从 4.66 万亿元增长至 8.61 万亿元，土地财政收入占地方政府融资规模的比例从 21.56%增长至 24.30%。地方政府债券发行规模从 3.84 万亿元增长至 7.37 万亿元，地方政府债券发行规模占地方政府融资规模的比例从 18.85%增长至 20.80%。说明土地财政融资与地方债券融资规模均呈现持续增加的趋势，且相比于地方债券融资，土地财政融资对地方政府融资的贡献较高。此外，2015 年至 2022 年，土地财政与地方政府债券融资规模合计从 8.50 万亿元增长至 15.97 万亿元，土地财政与地方政府债券融资规模合计占地方政府融资规模的比例从 39.31%增长至 45.10%，即地方政府近一半的融资资金来源于土地财政与地方债券，说明地方政府融资高度依赖土地财政与地方债券。

表 4.4　2015 年至 2022 年地方政府融资情况（单位：万亿）

时间	地方政府融资规模			土地财政与地方政府债券融资					
	规模			规模			占比（%）		
	内源融资	外源融资	合计	土地财政	政府债券	合计	土地财政	政府债券	合计
2015	18.88	3.83	21.60	4.66	3.83	8.50	21.56	18.85	39.31
2016	19.02	6.06	25.08	5.25	6.06	11.31	20.93	24.18	45.09
2017	21.52	4.36	25.88	6.85	4.36	11.21	26.48	16.84	43.32
2018	23.99	4.18	28.16	8.31	4.18	12.48	29.50	14.89	44.29
2019	25.70	4.36	30.06	9.18	4.36	13.55	30.55	14.51	45.06
2020	28.11	6.44	34.55	10.38	6.44	16.83	30.05	18.65	48.70
2021	28.80	7.49	36.29	10.78	7.49	18.27	29.71	20.64	50.35
2022	28.05	7.37	35.42	8.61	7.37	15.97	24.30	20.80	45.10

资料来源：财政部

2. 地方政府债务举借依赖稳定的土地财政

地方政府举借债务主要借助于其自身信用。地方政府信用是指地方政府以债务人的身份，通过一般债券与专项债券等信用工具向社会筹集资金的一种信用方式①②。根据地方政府一般债券与专项债券发行的相关规定，各地通过一家信用评级机构评估地方债券等级。2015 年参与地方政府债券评级的有 6 家，包括中债资信、大公国际、上海新世纪、东方金诚、联合资信与中诚信③。各评级机构通常采用多指标评估方法，评级的思与因素相似。

从债券评级思路看，首先，评估地方政府个体信用。此外，考虑国家主权信用、外部支持等因素，从而得到地方政府的最终信用评级。区别在于各

---

① 李晓安. 我国社会信用法律体系结构缺陷及演进路径 [J]. 法学，2012（3）：143-154.
② 李晓安.《民法典》之"信用"的规范性分析 [J]. 理论探索，2020（4）：100-110.
③ 张凯云. 我国地方政府信用评级现状及其完善——基于国内外评级机构比较分析 [J]. 地方财政研究，2016（11）：84-88.

评级机构对不同评估要素的重视程度和评估排序。东方金诚主要从经济实力、财政实力与债务负担三个方面对地方政府进行信用评级；联合资信则选取区域经济实力、政府治理、地方政府财政实力、政府债务及偿还能力、政府支持等五个方面对地方政府信用进行评级；鹏元评级选取行政级别、经济实力、财政实力、债务风险、房地产市场、资本市场深度、收入平衡性和波动性七个方面对地方政府进行信用评级。

地方政府信用评级的众多要素中，地区财政实力是最基础、最直接的要素。已公布的地方政府信用评级报告显示，一般公共预算收入与政府性基金收入持续稳定增长是地方政府主体信用等级保持 AAA 级[①]的基础。比如，山西省某专项债券信用评级报告中评述"山西省一般公共预算收入和政府性基金收入持续增长，并获得上级政府较大力度的支持，整体财政实力很强；预计山西省经济和财政收入将保持增长，政府债务处于可控范围，评级展望为稳定"。广东省某一般债券信用评级报告中评述"广东省财政实力较为雄厚，且财力稳定性较好。近年来，全省一般公共预算收入、政府性基金预算收入均保持增长态势，财政平衡能力强"。可见，一般公共预算收入与政府性基金预算收入的稳定增长是地方政府信用保持最高评级的基础与前提。

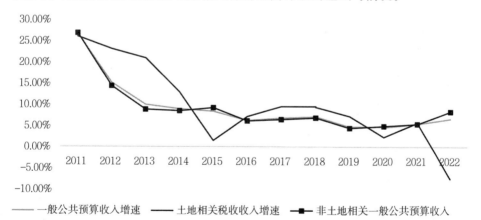

图 4.8　一般公共预算收入增速情况

---

① 当前地方政府债券信用评级主体与债券偿还主体不统一，评级结果不能真实反映各市县政府的偿债能力，无法揭示债券真实风险，给今后债券偿还埋下隐患。

对一般公共预算收入而言，由地方政府融资分析框架可知，该收入分为土地相关税收收入与非土地相关税收收入。一方面，相对于非土地相关一般公共预算收入，土地相关税收收入增速变化起伏较大，波动性较大（图4.8）。2015年我国不断开展供给侧结构性改革工作，固定资产投资增速大幅下降，土地需求不足，土地相关税收收入增速由2014年12.84%迅速下跌至2015年1.46%，尤其是与房地产交易挂钩的土地增值税，其增速更是由2014年18.85%暴跌至-2.11%（图4.9）。另一方面，由于土地相关税收收入占一般公共预算收入比例较低，故土地相关税收收入波动对一般公共预算收入波动影响效果有限。由图4.8可以看出，2011年到2012年，一般公共预算收入增速从26.85%降低至15.11%，2013年到2022年，一般公共预算收入增速缓慢，从9.95%降低至6.55%，说明一般公共预算收入增速整体呈现下降趋势，但波动性小，变化比较平缓。

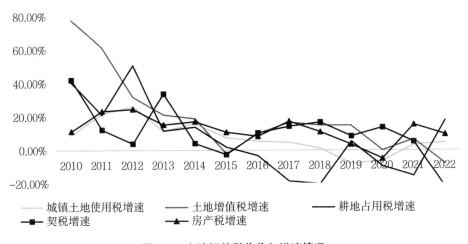

图4.9　土地相关税收收入增速情况

对政府性基金收入而言，2011年至2022年土地出让收入规模从3.32万亿增长至6.69万亿（图4.10），可以看出，土地出让收入规模庞大且整体呈增长趋势。同时，2010年到2022年，土地出让金收入与地方政府性基金收入比例均维持在80.00%以上，2021年至2022年，该比例更是高达91.89%与89.69%，说明土地出让收入是地方政府性基金收入的主要组成部分，该收入的规模在很大程度上决定了地方政府性基金收入的规模。土地作为重要宏观经济要素之一，土地市场极易受宏观经济与政府政策影响而发生波动，导致土地出让收入稳定性差，进而致使地方政府性基金收入稳定性也差。由图4.10可以看出，2012年、2015年与2022年，土地出让收入规模均出现了下降，其中2015年与2022年下降幅度均较大，土地出让收入分别下降23.61%与23.20%，大于2012年的14.03%。与此同时，2012年、2015年与2022年，地方政府性基金收入规模也均减少，减少幅度分别为9.66%、22.98%与21.32%。此外，2013年与2017年，土地出让收入与地方政府性基金收入规模则同时大幅度增长，其中，2013年，土地出让收入与地方政府性基金收入增幅分别为44.80%与39.81%，2017年两者增幅分别为38.94%与34.58%。因此，一旦土地市场下行，将导致地方政府性基金收入也发生较大幅度下跌。

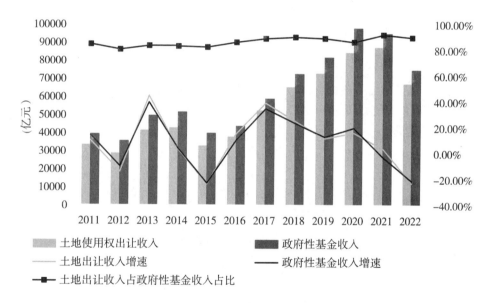

图4.10　历年土地出让金收入占地方政府性基金收入比重情况

对地方政府一般公共预算收入与政府性基金收入整体而言，由图4.11可知，2012年、2014年、2015年、2018年、2019年、2021年与2022年，一般公共预算收入与政府性基金收入之和与土地出让收入同为降低。2013年、2016年、2018年与2020年，一般公共预算收入与政府性基金收入之和与土

地出让收入同为增长，说明一般公共预算收入与政府性基金收入之和增速趋
势与土地出让收入增速趋势整体一致。也就是说，土地出让收入的稳定性在
很大程度上决定了一般公共预算收入与政府性基金收入的整体稳定性。这主
要是由于以下两个方面的原因，一是土地出让收入规模庞大，其收入占一般
公共预算收入与政府性基金收入之和的比例较高，故土地出让收入波动对一
般公共预算收入与政府性基金收入整体的波动影响效果较大。二是相对于一
般公共预算收入中的税收收入与非税收入以及非土地出让收入的其他政府
性基金收入，土地出让收入的稳定性较差。

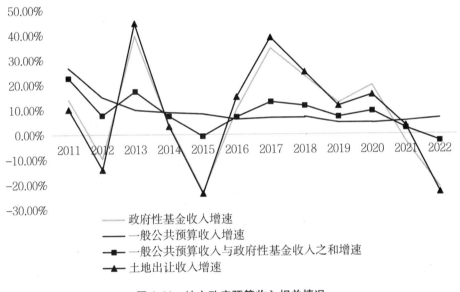

图 4.11　地方政府预算收入相关情况

　　综合上述分析发现，土地出让收入是导致一般公共预算收入与政府性基
金收入整体稳定性的主要因素，是影响政府信用评级的重要因素。土地市场
一旦发生剧烈波动，将极大程度上影响地方政府信用评级，进而影响地方债
券发行。换言之，地方债务的举借依赖其持续稳定的财政收入，尤其依赖稳
定的土地出让收入。

　　3. 地方政府债务偿还依赖土地财政

　　一般债务的偿还。国发〔2014〕43 号文明确规定，地方政府一般债券主

要以一般公共预算收入偿还。由图 4.12 可知，2011 年至 2022 年，土地相关税收收入占一般债务偿还资金即一般公共预算收入的比例仅为 10.00% 左右，说明一般公共预算收入作为一般债务的偿债资金，其对土地相关税收收入依赖程度较低。然而，由前文第二章第四节第一部分分析可知，一般公共预算收入并不能全部用于偿付一般债务，本书考虑刚性支出因素，就一般债务对土地相关税收收入的依赖程度进行分析。由图 4.13 可以看出，考虑狭义刚性支出与广义刚性支出，2011 年土地相关税收收入占扣除狭义刚性支出与扣除广义刚性支出后的真正可用于偿还一般债务的一般公共预算收入的比例从 8.90% 分别增长至 18.43% 与 38.88%，2022 年，该比例更是从 10.98% 分别增长至 24.58% 与 93.86%，说明土地相关税收收入对地方政府一般债务的偿还作用远高于其占一般公共预算收入的比例。

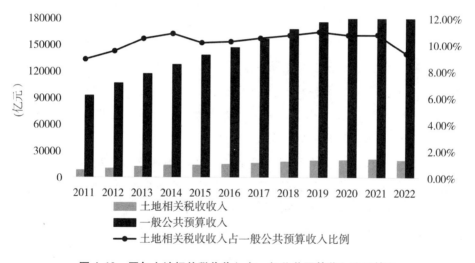

图 4.12　历年土地相关税收收入占一般公共预算收入比重情况

专项债务的偿还。国发〔2014〕43 号文规定，地方政府专项债券以对应的政府性基金或专项收入偿还。由前文图 4.10 可知，2011 年至 2022 年土地出让收入规模分别为 3.31 万亿元、2.85 万亿元、4.13 万亿元、4.26 万亿元、3.25 万亿元、3.85 万亿元、5.21 万亿元、6.51 万亿元、7.26 万亿元、8.41 万亿元、8.71 万亿元与 6.69 万亿元，政府性基金收入分别为 3.92 万亿元、

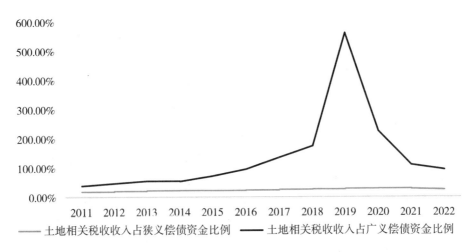

图4.13　地方政府一般债务偿债资金情况

3.54万亿元、4.95万亿元、5.14万亿元、3.96万亿元、4.36万亿元、5.86万亿元、8.24万亿元、8.15万亿元、9.77万亿元、9.47万亿元与7.45万亿元，土地出让金收入占地方政府性基金收入比例分别为84.68%、80.58%、83.45%、82.95%、82.28%、86.01%、88.80%、89.98%、89.01%、86.16%、91.89%与89.69%，可以看出，土地出让金收入占地方政府性基金收入比重均维持在80.00%以上，2021年至2022年该比例更是高达90.00%左右，说明土地出让收入是政府性基金收入的主要组成部分，是专项债券的主要偿债资金来源。也就是说，地方政府专项债务偿还高度依赖土地出让收入。

综合以上分析可知，新《中华人民共和国预算法》实施后，地方政府债务偿还依然高度依赖土地财政。

（三）互动关系分析

由前文分析可知，新《中华人民共和国预算法》实施后，土地财政收入仍然是地方政府外源融资的重要信用要素及偿债资金，也是使得地方政府积极举债的动机继续实现的重要工具。土地财政、地方政府融资和地方政府债务构成了一个相互依存的自循环系统，实现了政府大规模的资金需求。在这个系统中，地方政府融资是联系土地财政与地方政府债务的载体，土地价格预期增长是这个系统能否稳定运行的关键所在①②。在土地价格预期增长空间较大的情况下，地方政府不仅能够获得更多的土地相关税收收入和土地出让收入，增加地方政府内源融资收入，同时为地方政府发行债券提供强有力的信用保障。因此，在土地财政收入和地方债券收入的双重激励下，地方政府自然会维持或推高地价上涨，保证良好的土地增值预期。此外，地方政府债务还款来源对土地财政收入的依赖更加内在地加强了地方政府推高地价及增加土地财政收入的动力。最后，地方政府债务扩张，地方政府增加基础设施等投资，并且资本化在房价与地价中，促使地价上涨。

土地市场与地方政府债务互动关系可简化为图4.14。第一，土地价格上涨，土地财政收入增加，地方政府内源融资资金充足。第二，土地财政收入持续增加，又使得政府信用保障良好，促使债务扩张，满足政府投资需求。第三，土地财政的增长保障了地方债务还款资金充沛，刺激地方政府更大规模的举债。第四，伴随着地方债务规模的扩张，土地财政作为债务重要还款来源，地方政府有了推高土地价格上涨的内在动力。尤其是现行土地制度下，土地一级市场被政府垄断，为持续开展土地财政与债务融资活动提供了良好的制度环境③④。因此，土地要素对土地财政、地方政府债务与地方政府融资体系稳定运行发挥了关键作用，土地市场上行，土地财政收入与地方政府债务规模增加，地方政府投资增加，进而导致地方政府在 GDP 晋升锦标赛中的竞争力提高。

综上分析，土地与地方政府债务规模密切关联且驱动地方政府债务规模持续扩张的奥秘在于：在行政权力、政治前景等自身利益驱动下，在各级政府间以 GDP 增长率为主要考核指标的竞争标准下，地方政府积极、主动增加

---

① 朱道林，谢保鹏. 地方政府债务风险防控及其与土地财政的关系 [J]. 中国发展，2015，15（4）：36-42.

② 谢保鹏. 基于土地财政的地方政府债务研究：规模、风险及其传导 [D]. 北京：中国农业大学，2017.

③ 戴双兴，吴其勉. 土地出让金、房地产税与地方政府债务规模实证研究 [J]. 东南学术，2016（2）：124-131.

④ 戴双兴，朱新现. 土地财政与地方融资平台债的相互作用分析——传统城镇化融资模式的理论与实证 [J]. 福建师范大学学报（哲学社会科学版），2016（3）：18-25，166-167.

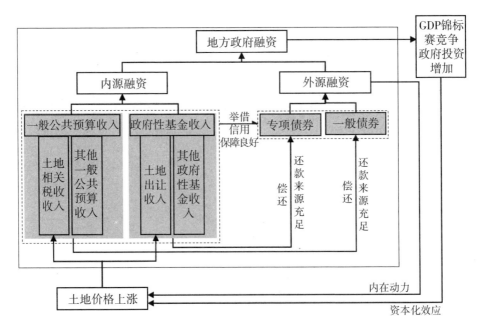

图 4.14　土地市场与地方政府债务互相作用示意图

投资规模与扩张债务规模，即 GDP 锦标赛制度为地方政府债务规模的持续扩张提供了重要动力。而中国土地制度下，土地财政不仅为地方政府带来较大规模的内源融资资金，而且为其举债提供了重要信用要素与重要偿债来源，土地是地方政府突破外部融资限制、实现大规模举债的重要工具。

第三节　土地市场波动与地方政府债务系统性风险爆发分析

　　根据上文分析，地方政府债务内生脆弱性是地方政府债务系统性风险累积的根源，GDP 锦标赛制度是地方债务系统性风险累积的重要动力。而中国土地制度下，土地财政作为地方政府债务举借的重要信用要素与偿债资金来源，土地财政、地方政府融资和地方政府债务构成了一个相互依存的自循环系统，实现了地方政府大规模的融资资金需求。在土地价格预期增长空间较大的情况下，地方政府不仅能够获得更多的土地财政收入，增加地方政府内源融资收入，同时为地方政府发行债券提供强有力的信用保障，融得更多的政府债券收入，地方政府债务风险敞口扩大，地方政府债务内生脆弱性增加，地方政府债务系统性风险持续积聚。因此，土地市场发展对地方政府债务系统性风险累积起到了推波助澜的作用。换言之，土地价格上涨、地方政府债务规模膨胀与 GDP 晋升锦标赛竞争水平提高之间形成正反馈作用，共同演化发展，随着地方政府债务累积、土地资产价格膨胀、风险低估等正向冲击的传导，地方政府债务系统性风险逐渐累积。

由前文分析可知，GDP 锦标赛制度激励下，地方政府积极举债，2015 年至 2022 年，地方政府新增债券发行额分别为 0.59 万亿元、1.18 万亿元、1.59 万亿元、2.18 万亿元、3.06 万亿元、4.55 万亿元、4.37 万亿元与 4.76 万亿元，反映了地方政府新增债务融资规模高且呈现增长趋势，地方面临新增债务融资压力。与此同时，财政压力下，地方政府还面临借新债还旧债压力，2023 年，地方政府到期债务规模高达 3.67 万亿元。也就是说，现有制度下，地方政府面临新增债券融资与借新债还旧债的双重压力。土地财政作为地方政府重要内源融资资金来源，且同时作为地方政府举债重要的信用要素与偿债来源，地方政府债务依赖土地市场稳健运行。土地价格一旦下跌，土地财政收入减少，地方政府内源融资资金会减少。同时，土地价格下跌与土地财政收入减少，通过削弱政府信用水平，进一步影响地方政府债务举借与地方政府债务的偿还。而且，在地方政府借新债还旧债的滚动模式下，地方政府债务对土地要素依赖严重，对土地市场波动尤为敏感，土地市场波动会严重影响地方政府融资能力与偿债能力，影响地方政府借新债还旧债模式的稳健运行，进而可能触发地方政府债务流动性危机。尤其，受中美贸易冲突及地缘政治等因素影响，我国经济发展面临的外部环境复杂，同时国内处于经济转型升级、结构性调整阶段，宏观经济下行压力较大。加之房住不炒与地产严控、去土地财政等土地相关政策的推进，土地市场波动对地方政府债务冲击作用日益凸显。

当地方政府债务系统性风险累积到一定的临界值，地方政府整体或部分遭受某种突发的负向冲击便会成为地方债务系统性风险爆发的导火索，导致地方政府债务系统性风险爆发。传统的观点认为系统性风险爆发始于某一个金融机构倒闭,进而传染至整个金融体系。新型观点则认为系统性风险爆发始于金融机构共同风险敞口的冲击。对地方政府而言,地方债务系统性危机很小概率始于单个地方政府破产倒闭,进而传染给其他地方政府与金融机构。这是因为,地方政府债券作为融资工具,虽然地方政府债务脆弱性也必然存在。但是,地方政府债务是在地方政府的信用背书下,以地方财政收入为担保,信用等级堪比国债。同时,中国行政体制下,当个别偶发事件触发一家或几家地方政府债务出现偿付危机时,其上级地方政府甚至中央政府会对其进行积极救助,也就是说地方政府债务不存在破产倒闭,更不会由单个或多个地方政府破产触发地方政府债务系统性风险的爆发。

根据系统性风险爆发新型观点,本书认为,我国地方政府债务系统性风险爆发更可能始于土地市场波动共同风险敞口的冲击。土地作为重要宏观经济要素,也是各地方政府债务共同的外生风险要素,即地方政府面对土地市场波动共同风险敞口。一旦土地市场下行,土地价格突然暴跌会使部分甚至所有地方政府同时面临流动性风险。如果所有地方政府都采取出售土地资产等控制风险的审慎行动时,产生的溢出效应会进一步削弱土地资产价格,反过来又会作用于地方政府,放大地方政府共同风险敞口,进而导致多米诺骨牌效应,最终引发地方政府债务系统性风险的爆发,如图 4.15 所示。此外,土地市场波动冲击不仅会对地方政府同时产生直接影响,还会通过地方政府与金融机构间以及金融机构间的直接业务关联关系和行为反应将冲击放大,导致金融机构风险敞口增加,地方政府债务风险可能直接转化为金融机构流动性风险[1]。尤其是那些具有系统重要性的地方政府节点,债务规模大、网络关联性强,其债务流动性风险一旦触发,不仅可能使本地区政府陷入财政困局和债务风险当中,还可能通过金融系统传导产生连锁反应,转化为区域性

---

① 徐忠. 新时代背景下中国金融体系与国家治理体系现代化 [J]. 经济研究, 2018, 53 (7): 4-20.

和系统性风险①②③。

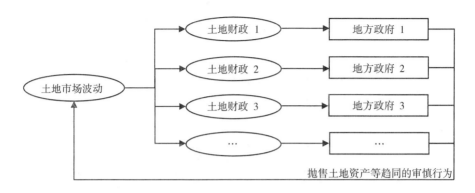

图 4.15　土地市场波动对地方政府债务的共同风险冲击

综合以上分析，本书认为土地不仅对地方政府债务系统性风险累积起到了推波助澜的作用，而且成为地方政府债务系统性风险爆发的重要外生因素。土地市场波动共同冲击是地方政府债务系统性风险爆发的重要外因，进而传染、扩散至金融体系，造成更大范围的损失。目前，监管层与学术界更多是对地方政府和金融机构采取监管和政策保护，防止机构间风险溢出与传染，但忽略由于极值事件传递的共同风险冲击，严重低估了土地市场波动共同冲击对地方政府债务系统性风险的作用。

第四节　本章小结

本章基于预算视角与融资视角，分别对土地市场与地方政府债务关联进行理论分析。在此基础上，本章探究了土地市场波动与地方政府债务系统性

---

① 夏诗园. 地方政府债务宏观风险实证分析 [D]. 北京：首都经济贸易大学，2017.

② BATTISTON S，PULIGA M，KAUSHIK R，et al. DebtRank：too central to fail? financial net-works，the FED and systemic risk [R]. 2012（2）：541-541.

③ BERNANKE B S. Reflections on a year of crisis [C]. Speech at the Federal Reserve Bank of Kansas City's Annual Economic Symposium，Jackson Hole，Wyoming，2009.

风险爆发的作用机理，主要得出以下结论。

（1）基于预算视角分析可知，土地财政预算与地方政府债务预算均是地方政府预算管理体系的重要组成部分。具体而言，土地相关税收预算与一般债务预算属于地方政府一般公共预算，土地使用权出让预算与专项债务预算属于地方政府性基金预算。土地相关税收收入与一般债券收入对地方政府一般公共预算收入总计的贡献度相近，且两者为一般公共预算收入总计贡献约五分之一财力。土地出让收入对政府性基金预算收入总计贡献度明显高于专项债券收入，且两者收入总额占政府性基金预算收入总计的绝对主导地位。

（2）基于融资视角分析可知：①土地财政与地方政府债务均是地方政府重要融资资金来源。其中，土地财政是地方政府重要内源融资资金来源，占比高约三分之一，且呈增长趋势。地方债券是地方政府唯一法定外源融资资金来源。地方政府融资高度依赖土地财政与地方债券。②地方政府债务举借依赖稳定的土地财政收入。具体而言，土地出让收入的稳定性在很大程度上决定了一般公共预算收入与政府性基金收入的整体稳定性，是影响地方政府信用评级的重要因素。③地方债务偿还依赖土地财政。具体而言，考虑刚性支出因素，土地相关税收收入对地方政府一般债务的偿还作用远高于其占一般公共预算收入的比例。同时，土地出让收入是地方政府性基金收入的主要组成部分，是专项债券的主要资金来源。

（3）土地不仅对地方政府债务系统性风险累积起到了推波助澜的作用，而且是地方债务系统性风险爆发的重要外生因素。中国地方债务系统性危机很小概率始于单个地方政府破产倒闭，而是源于土地市场波动共同冲击。具体而言，地方政府面对土地市场波动共同风险敞口，一旦土地市场下行，土地价格突然暴跌会使部分甚至所有地方政府同时面临流动性风险。一旦地方政府均采取出售土地资产等控制风险的审慎行动时，产生的溢出效应会进一步削弱土地资产价格，反过来又会作用于地方政府，放大地方政府共同风险敞口，进而导致多米诺骨牌效应，最终引发地方政府债务系统性风险的爆发。

第五章

土地市场波动对地方政府债务系统性风险传染机理

第四章分析了土地市场波动与地方政府债务系统性风险爆发机理，发现土地市场波动是地方政府债务系统性风险重要风险源，一旦土地市场下行，或将导致地方政府同时面临流动性风险进而触发地方政府债务系统性风险。在此基础上，本章运用风险传染理论，进一步对土地市场波动对地方政府债务系统性风险传染机理进行探究。

第一节　分析框架

根据第一章第一节第二部分的梳理，运用风险传染理论，根据风险源的不同，本书认为系统性风险主要分为三类：宏观冲击传染、业务关联传染与恐慌蔓延传染。其中，宏观冲击传染强调资产价格波动，财政、货币或金融监管政策突然从紧等外生突发冲击事件对金融机构的风险传染。目前，多数学者将资产价格波动归为系统性风险产生的风险源①②③④，并提出抵押品、

① ALLEN F，CARLETTI E. Financial system: shock absorber or amplifier? [Z]. BIS Working Papers No. 257, 2008.
② ADRIAN T，SHIN H S. Liquidity and leverage [Z]. Federal Reserve Bank of New York Staff Reports, No. 328, 2009.
③ PETER G V. Asset prices and banking distress: A macroeconomic approach [J]. Journal of Financial Stability, 2009, 5 (3): 298.
④ DANIELSSON J，ZIGRAND J P. Equilibrium asset pricing with systemic risk [J]. Economic Theory, 2008, 35 (2): 293.

资本金与流动性三条主要传染渠道①②③④。业务关联传染强调某家金融机构尤其是系统重要性金融机构发生流动性危机或资不抵债等突发事件通过银行间存款、信贷以及支付系统生成的业务关联关系进而对其他金融机构进行风险传染、扩散。不同于宏观冲击传染与业务关联传染，恐慌蔓延传染的风险源可以是外生突发事件，也可以是某家机构相关的突发事件。一般来说，恐慌蔓延传染是伴随着宏观冲击传染与业务关联传染发生而同时发生的，在某种意义上是对宏观冲击传染与业务关联传染的强化，是一种传染的扩大机制。

根据风险传染理论，结合上述分析，本书认为土地市场波动对地方政府债务系统性风险传染主要包括三类：一是土地市场波动冲击传染，二是地方政府间、地方政府与金融机构间以及金融机构间业务关联传染，三是恐慌蔓延传染。其中，恐慌蔓延传染是伴随着土地市场波动冲击传染与地方政府间、地方政府与金融机构间以及金融机构间业务关联传染同时发生的，是土地市场波动对地方政府债务系统性风险传染与扩散的放大机制，本书主要对土地市场波动冲击传染与地方政府间、地方政府与金融机构间以及金融机构间业务关联传染进行分析。

多数学者运用资产负债表作为工具，就宏观冲击对系统性风险的传染渠道（如抵押品渠道和资本金渠道）进行研究。然而，资产负债表更侧重于存量层面的分析。通过整理与分析现有文献，发现大多数学者们认为单个地方政府不存在长期的资不抵债风险。这是因为，地方政府债券作为融资工具，虽然地方债务脆弱性也必然存在。但是，地方债务是在地方政府的信用背书下，以地方财政收入为担保，信用等级堪比国债。同时，中国行政体制下，当个别偶发事件触发一家或几家地方政府债务出现偿付危机时，其上级地方

① 温博慧，柳欣. 金融系统性风险产生的原因与传导机制——基于资产价格波动的研究评述 [J]. 中南财经政法大学学报，2009 (6)：76.

② KRISHNAMURTHY A. Amplification mechanisms in liquidity crises [J]. American Economic Journal Macroeconomics，2010，2 (3)：1-30.

③ SARKAR A，JEFFREY S. Financial amplification mechanisms and the Federal Reserve's supply of liquidity during the crisis [J]. Economic and Policy Review，2010，16 (431)：55.

④ CHEN N K. Bank net worth，asset prices and economic activity [J]. Journal of Monetary Economics，2001 (48)：415-436.

政府甚至中央政府会对其进行积极救助，也就是说单个地方政府债务不存在破产倒闭，更不会由单个或多个地方政府破产触发地方债务系统性风险的爆发。然而，地方债务短期的流动性危机几乎不可避免①②。同时，本书第五章第三节部分也揭示了土地市场波动主要通过同时增加地方债务流动性风险或将触发地方债务系统性风险爆发。换言之，资产负债表无法用于研究土地市场波动这一宏观冲击对地方政府债务系统性风险的传染问题。本书第五章第一节部分运用政府预算体系，基于融资视角构建的土地财政与地方债务关联关系框架，从流动性层面阐述了土地市场与地方债务关系。同时，也为分析土地市场下行波动冲击对地方政府债务系统性风险的传染机理提供了重要分析工具。

复杂网络作为金融危机后系统性风险传染问题研究的主流方法，不仅可以为研究土地市场波动对地方政府债务系统性风险传染问题提供重要的理论支撑，也是研究土地市场波动对地方政府债务系统性风险传染问题的重要实证工具③。运用复杂网络方法，可以清晰地刻画地方政府债务系统性风险传染的路径和动态过程。根据复杂网络理论，地方政府和金融机构作为地方政府债务网络的节点，机构间的关联关系作为节点之间的边，地方政府债务系统性风险通过地方政府债务网络关联关系进行传染、扩散。根据网络节点的不同，地方债务系统性风险传染主要包括地方政府与地方政府间的风险传染、地方政府和金融机构间的风险传染以及金融机构与金融机构间的风险传染三种类型。其中，金融机构间的风险传染是金融学研究的重点，相关研究比较成熟。本书主要对地方政府间的风险传染以及地方政府和金融机构间的风险传染进行探究。

综上分析，本书分别从融资视角与网络视角就土地市场波动对地方债务

---

① 陈志勇，毛晖，张佳希. 地方政府性债务的期限错配：风险特征与形成机理 [J]. 经济管理，2015，37（5）：12-21.

② 刁伟涛. 财政新常态下地方政府债务流动性风险研究：存量债务置换之后 [J]. 经济管理，2015，37（11）：11-19.

③ WU S. LIU Y L, SONG Z Y, et al. Network structure, dynamic evolution and block characteristics of sovereign clebt risk：The global evidence [J]. Research in International Business and Finance，2024，72：102492.

系统性风险传染问题进行研究。值得注意的是，融资视角层面，主要利用融资风险理论与风险传染理论，就土地市场波动宏观冲击对地方政府债务流动性风险的直接传染进行探究；网络视角层面，主要利用网络理论与风险传染理论，就土地市场共同波动冲击导致的地方政府与地方政府间的风险传染与地方政府与金融机构间的风险传染进行探究。

第二节　基于融资视角的土地市场波动
对地方政府债务系统性风险传染

由前文分析可知，土地对地方债务规模持续扩张与地方债务系统性风险持续累积发挥了重要驱动作用。同时，也为地方债务系统性风险爆发埋下了种子。土地市场一旦下行，地方政府债务举借与偿还均受到影响，或将引发债务流动性危机。根据地方政府融资形式框架，本书认为土地市场下行对地方政府债务系统性风险传染主要包括偿债资金、政府信用与内源融资三个渠道。值得指出的是，本书的研究并不聚焦于土地市场下行的原因及规律等的探讨，而是着眼于一旦土地市场下行，土地价格对地方政府债务流动性风险的传染机理。

一、偿债资金渠道

由前文分析可知，地方政府一般债务主要以一般公共预算收入进行偿还。土地相关税收收入作为一般公共预算收入的组成部分，虽然占比较低，但导致一般债务偿债资金对土地相关税收收入依赖程度较低。但若考虑刚性支出因素，土地相关税收收入对地方政府一般债务的偿还作用远高于其占一般公共预算收入的比例。对于政府专项债务，其主要以对应的政府性基金或专项收入偿还。土地出让收入作为地方政府性基金收入的主要组成部分，也是专项债券的主要偿债资金来源，即专项债务偿还高度依赖土地出让收入。总之，地方债务偿还高度依赖土地财政收入。

土地财政作为地方偿债的重要资金来源之一，土地市场上行，土地财政收入增加，地方政府债务偿还能力升高，债务流动性风险降低。反之，一旦土地市场大幅下行，土地交易量价齐降，土地出让金大幅减少，与之相连的还包括土地税费、国有土地使用权出让等减少，地方政府财政流量低于地方存量债务当期偿还本金及利息，进而出现收不抵支的现金支付风险，地方政府财政状况恶化。由此可见，土地市场波动冲击表现出"土地市场萧条—土地财政收入减少—地方债务偿还能力降低—地方债务流动性风险加大"的风险传染路径，如图5.1所示。

图5.1 土地市场波动冲击—偿债资金渠道风险传染机理

二、政府信用渠道

由前文分析可知，对我国地方政府而言，GDP锦标赛制度下，各地方政府积极举债，增加投资规模，发展经济，导致地方政府债务融资压力大，2016年至2022年，地方政府新增债券发行规模从1.18万亿元增长至4.76万亿元，地方政府新增债务融资压力较大。同时，地方政府借新还旧问题比较突出，2022年，地方政府债券到期规模2.78万亿元，再融资债券发行规模2.61万亿元，地方政府借新债还旧债的比例高达93.76%，地方政府再融资债务融资压力较大。

地方政府举借债务依赖于其自身信用。地方政府信用评级的众多要素中，一般公共预算收入与政府性基金预算收入的稳定增长是地方政府信用保持最高评级的基础与前提。土地财政收入作为地方政府一般公共预算收入与政府性基金预算收入重要组成部分，土地出让收入的稳定性在很大程度上决定了一般公共预算收入与政府性基金收入的整体稳定性，即土地是影响地方政府信用评级的重要因素。

尤其是在地方政府债务融资压力下，地方政府债务融资依赖土地要素，同时对土地市场波动也尤为敏感。土地市场上行时，地方政府土地财政收入增加，地方政府信用水平提高，地方政府债务融资能力上升。然而，土地市场一旦大幅下行，地方政府信用评级降低，进而影响地方新增债券与再融资债券的发行，地方政府借新债还旧债的融资模式难以维持，地方债务流动性风险增加。由此可以得出，"土地市场萧条—土地财政收入降低—政府信用水平降低，政府债务融资能力降低—新增债券与再融资债券减少—地方债务流动性风险加大"的风险传染路径，如图 5.2 所示。

图 5.2　土地市场波动冲击—政府信用渠道风险传染机理

三、内源融资渠道

综合前文分析可知，GDP 晋升锦标赛激励下，地方政府面临巨大融资需求。土地财政与地方债务分别作为地方政府重要的内源融资与外源融资组成部分。2021 年，土地财政收入与地方政府债务规模分别为 10.78 万亿与 7.49 万亿，土地财政收入是地方政府债务收入规模的 1.44 倍，2022 年，土地财政收入与地方政府债务规模分别为 8.61 万亿与 7.37 万亿，土地财政收入是地方政府债务收入规模的 1.17 倍。可以看出，相对于地方债务外源融资规模，土地财政内源融资规模对地方融资规模总额的贡献度更高。

土地财政作为重要内源融资资金来源，土地市场一旦大幅下行，土地财政收入大幅减少，加之地方政府持续高额的融资需求，地方政府只能通过外源融资方式改善财务状况，进一步增加了地方政府债务融资压力，进而债务流动性风险增加。由此可见，土地市场波动冲击表现出"土地市场萧条—土地财政收入减少—地方政府内源融资资金减少，债务融资压力增加—地方债务流动性风险加大"的风险传染路径，如图 5.3 所示。

图 5.3　土地市场波动冲击—内源融资渠道风险传染机理

综上分析可知，土地市场下行可通过偿债资金、政府信用与内源融资三个渠道对地方政府债务流动性风险进行传染与扩散，进而导致土地市场风险迅速传播，最终造成灾难性的损失。值得注意的是，在土地市场波动对地方政府债务系统性风险传染的过程中，偿债资金、政府信用与内源融资不仅可以单独进行风险传染，而且可以互相作用，加速风险传染。在地方政府面临新增债务融资需求与大规模到期债务的情景下，土地市场下行，地方政府债务偿债资金减少，融资与再融资能力降低，同时伴随内源融资减少所带来的新的融资压力，地方政府债务极易产生流动性风险，地方政府恐慌情绪迅速增加，土地资产抛售行为加剧，土地市场进入持续下行的恶性循环，进而促进风险传染，或将导致地方政府债务风险爆发。

第三节　基于网络视角的土地市场波动
对地方政府债务系统性风险传染

本节主要基于网络视角，对土地市场波动对地方政府债务系统性风险传染进行研究。在此基础上，构建土地市场波动对地方政府债务系统性风险传染网络模型。

一、地方政府与金融机构间直接传染

新法实施后，以商业银行为首的金融机构对地方政府债券的大量认购使其成为地方债券的主要持有者，地方政府与金融机构间形成实际业务关联关系，详细分析见本书第三章第三节第三部分。

由前文第三章第三节部分分析可知，在地方政府债务系统性风险累积阶段，地方政府债务系统性风险传染已初见端倪。具体表现为，随着地方政府债务系统性风险累积，机构间的关联性也在发生变化。地方政府与金融机构间的业务关联关系为地方政府债务系统性风险累积提供了渠道。由前文第四章部分可知，由于地方政府与金融机构间实际业务关联关系，我们构建了"地方政府—银行"二分网络模型，并对地方政府债务网络结构与系统性风险

网络特征进行探究。

　　该部分则强调地方政府与金融机构间实际业务关联关系为地方政府债务系统性风险爆发后的风险传染提供了渠道。当地方政府陷入偿付困境时，地方债务风险可通过地方政府与金融机构间业务关联关系和行为反应更快、更直接传染至金融机构，导致金融机构风险敞口增加，地方政府债务风险可能直接转化为金融机构流动性风险。尤其是那些具有系统重要性的地方政府节点，债务规模大、网络关联性强，其债务流动性风险一旦触发，不仅可能使本地区政府陷入财政困局和债务风险当中，还可能通过金融系统传导产生连锁反应，转化为区域性和系统性风险。

二、地方政府与地方政府间间接传染

　　现有研究表明，地方政府债务对上级或中央政府存在风险传染问题，具体的风险传染渠道包括地方政府拖欠中央税收收入或共享税收收入、上级政府通过转移支付、财政援助等形式对下级政府债务进行救助、上级政府直接注销或豁免下级政府债务①②③④⑤⑥。但是，由于中国同级地方政府间无直接业务关联关系，某个地方政府的债务风险无法通过实际业务渠道进行风险传染。让⑦提出，机构间的关联传染又分为直接关联传染和间接关联传染。间接关联传染主要包括以下情况：金融机构面对相同交易对手、非同业资产、表

---

① 寇铁军，周波. 当前分税制财政管理体制改革的成效、问题及对策 [J]. 财政监督，2012（30）：12-14.

② 郭玉清. 逾期债务、风险状况与中国财政安全——兼论中国财政风险预警与控制理论框架的构建 [J]. 经济研究，2011，46（8）：38-50.

③ 黄国桥，徐永胜. 地方政府性债务风险的传导机制与生成机理分析 [J]. 财政研究，2011（9）：2-5.

④ 龚强，王俊，贾坤. 对中国地方政府债务问题的政策建议 [J]. 经济研究参考，2011（54）：23.

⑤ 龚强，王俊，贾珅. 财政分权视角下的地方政府债务研究：一个综述 [J]. 经济研究，2011，46（7）：144-156.

⑥ 刘尚希. 中国财政风险的制度特征："风险大锅饭" [J]. 管理世界，2004（5）：39-44，49.

⑦ JEAN H. Financial firm bankruptcy and systemic risk [J]. International Financial Markets, Institutions and Money, 2010, 20（1）：1-12.

外业务与金融创新工具等。说明间接关联传染主要是机构业务"同质性"面对同样风险所致。根据风险传染理论，相同的土地财政"业务"，导致地方政府间形成间接的关联关系，如图5.4所示。也就是说，虽然各地方政府间没有直接的业务关联关系，无法通过实际业务渠道进行风险传染，但由于地方政府土地财政"业务"的同质性，地方政府面临共同的土地风险，使得地方政府间存在间接关联关系。一旦土地资产价格暴跌，即使地方政府间互不相关，地方政府也会同时面临债务偿付风险，地方政府行为反应还可能在地方政府间传染，当地方政府被迫抛售土地资产时，将容易带来更多土地资产抛售和土地资产价格下降，使得地方政府间存在间接风险传染，继而相互作用，不断演化，并形成恶性循环。由此可以得出，"土地市场萧条—地方债务流动性风险同时加大—地方政府间发生风险的间接关联传染—地方债务风险更大范围、更快速传染"的风险传染路径。

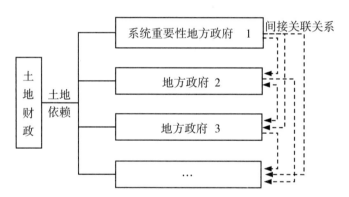

图 5.4　地方政府与地方政府间债务风险间接传染示意图

　　尤其对于系统重要性地方政府债务，一旦土地价格暴跌，其行为反应可能对其他地方政府债务产生的负外部效应影响更大（图5.4）。当一个或几个系统重要性地方政府被迫抛售土地资产偿还债务时，如果抛售规模足够大，土地资产价格将进一步降低，进而导致其他地方政府的财政风险增加，导致风险在地方政府间进行传染、扩散。由此可以得出，"土地市场萧条—系统重要性地方政府债务流动性风险加大—系统重要性地方政府债务流动性风险对其他地方政府进行间接关联传染—地方债务风险更大范围、更快速传染"的风险传染路径。

三、土地市场波动对地方政府债务系统性风险传染网络模型

基于复杂网络理论，地方政府债务系统性风险通过债务网络关联关系进行传染与扩散。根据网络节点的不同，地方债务系统性风险中存在地方政府间的风险传染、地方政府和金融机构间的风险传染以及金融机构间的风险传染三种类型。其中，金融机构间的风险传染是金融学研究的重点，相关研究比较成熟。地方政府和金融机构间的风险传染主要表现为由于地方政府与金融机构间实际业务关联关系而形成的地方政府与金融机构间直接传染。地方政府间传染主要表现为地方政府土地财政"业务"的同质性所导致的地方政府间间接传染。

综合上述分析，利用复杂网络理论与风险传染理论，综合地方政府与地方政府间间接传染、地方政府与金融机构间直接传染以及金融机构间传染，构建土地市场波动对地方政府债务系统性风险传染网络模型，如图5.5所示。土地市场波动对地方政府债务系统性风险传染网络模型不仅清晰揭示了土地市场波动冲击下地方政府间的风险传染途径，而且描绘了地方政府与金融机构间以及金融机构间的债务风险传染途径，全面刻画了土地市场波动对地方政府债务系统性风险传染的运行过程。土地市场波动冲击是触发源，网络传染渠道则是地方政府债务系统性风险快速扩散、传播的途径，即土地市场波动冲击通过地方政府债务网络内部渠道传染来实现。当土地市场下行，地方政府债务产生响应，并通过机构间传染渠道把土地市场波动冲击或将转化为地方政府债务流动性危机和金融危机。

综合上述融资视角与网络视角分析，土地市场波动对地方债务系统性风险的传染过程可以概述为土地市场波动通过偿债资金、政府信用以及内源融资渠道迅速扩散至各地方政府，导致地方债务同时面临流动性风险。地方债务流动性风险又通过系统重要性地方政府债务作用下的地方政府间间接传染渠道、地方政府与金融机构间业务关联的直接传染渠道以及金融机构间传染渠道传播、扩散，导致风险迅速从一个机构传染到多个机构，从一个市场传染到多个市场。与此同时，地方政府与金融机构的恐慌情绪迅速增加，信心迅速降低，加剧土地资产的抛售行为，反过来又加快了恐慌情绪蔓延的速度，最终导致多个市场的信心崩溃，土地价格呈现自由落体式下降，流动性瞬间

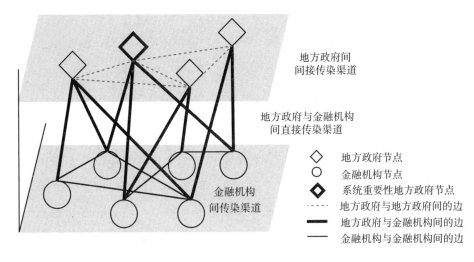

地方政府间
间接传染渠道

地方政府与金融机构
间直接传染渠道

◇　　地方政府节点
○　　金融机构节点
◆　　系统重要性地方政府节点
┄┄┄　地方政府与地方政府间的边
━━━　地方政府与金融机构间的边
───　金融机构与金融机构间的边

金融机构
间传染渠道

图 5.5　土地市场波动对地方政府债务系统性风险传染网络模型

枯竭，市场信心瞬间崩溃，恐慌情绪随处蔓延，地方政府发生偿付危机，金融机构纷纷倒闭，宏观经济形势骤转急下，最终形成金融危机，造成全局性灾难。

土地市场波动对地方政府债务系统性风险传染网络模型为第六章构建地方政府债务网络级联失效模型，实证分析土地市场波动对地方政府债务系统性风险传染效应、识别系统重要性地方政府奠定了理论基础。

第四节　本章小结

首先，本章利用融资风险理论与风险传染理论，从融资视角，就土地市场波动对地方政府债务系统性风险传染进行研究，分别对偿债资金、政府信用与内源融资在土地市场下行对地方政府债务系统性风险传染中的作用进行探究。其次，利用网络理论与风险传染理论，从网络视角，就土地市场波动对地方债务系统性风险传染进行研究，主要得出以下结论。

（1）基于融资视角，土地市场下行对地方政府债务系统性风险传染主要包括偿债资金、政府信用与内源融资三个渠道，具体路径分别为"土地市场萧条—土地财政收入减少—地方债务偿还能力降低—地方债务流动性风险加大""土地市场萧条—土地财政收入降低—政府信用水平降低，政府债务融资能力降低—新增债券与再融资债券均减少—地方债务流动性风险加大""土地市场萧条—土地财政收入减少—地方政府内源融资资金减少，债务融资压力增加—地方债务流动性风险加大"。

（2）基于网络视角，根据网络节点的不同，地方债务系统性风险中存在地方政府间的风险传染、地方政府和金融机构间的风险传染以及金融机构间的风险传染三种类型。其中，地方政府和金融机构间的风险传染主要表现为由于地方政府与金融机构间实际业务关联关系而形成的地方政府与金融机构间直接传染。地方政府间传染主要表现为地方政府土地财政"业务"的同质性所导致的地方政府间间接传染。尤其对于系统重要性地方政府债务，土地价格暴跌，其行为反应可能对其他地方政府债务产生的负外部效应影响更大，导致风险在地方政府间进行传染、扩散。土地市场波动对地方政府债务系统性风险传染网络模型，为识别系统重要性地方政府奠定了理论基础。

（3）综合上述融资视角与网络视角的土地市场波动对地方政府债务系统性风险传染研究，其传染过程可以概述为土地市场波动通过偿债资金、政府信用以及内源融资渠道迅速扩散至各地方政府，导致地方债务同时面临流动性风险。地方债务流动性风险又通过系统重要性地方政府债务作用下的地方政府间间接传染渠道、地方政府与金融机构间业务关联的直接传染渠道以及金融机构间传染渠道传播、扩散，导致风险迅速从一个机构传染到多个机构，从一个市场传染到多个市场。加之恐慌情绪传染，最终导致多个市场的信心崩溃，地方政府发生偿付危机，金融机构纷纷倒闭，造成全局性灾难。

第六章

土地市场波动对地方政府债务系统性风险传染效应

本书前四部分分别对地方债务系统性风险一般演进过程的三个阶段即累积、爆发与传染进行了探究。本章运用复杂网络理论，借鉴 DebtRank 算法思想，以土地财政作为地方债务主要偿债来源，构建地方政府债券网络级联失效模型，实证研究每个地方政府债务风险对全国性的系统性风险贡献度，识别系统重要性地方政府。

第一节　分析框架

第四章与第五章得出结论，虽然单个地方政府破产很难直接触发地方政府债务系统性风险全面爆发，但一旦土地市场下行，土地价格突然暴跌会使各级地方政府中的部分甚至所有地方政府同时面临流动性风险。尤其是对于系统重要性地方政府节点，一旦土地价格暴跌，其行为反应可能对其他地方政府债务产生的负外部效应影响更大。当一个或几个系统重要性地方政府被迫抛售土地资产偿还债务时，如果抛售规模足够大，土地资产价格将进一步降低，导致风险通过地方政府与金融机构间直接传染与地方政府间接传染渠道以及恐慌蔓延渠道传播至其他所有地方政府以及金融机构，进而或将形成地方债务系统性危机。也就是说，那些具有系统重要性的地方政府，其债务流动性风险一旦触发，不仅可能使本地区政府陷入财政困局和债务风险当中，还可能通过金融系统传导产生连锁反应，转化为区域性、系统性风险。因此，宏观审慎框架下识别系统重要性地方政府仍然具有重要意义，尤其对于债务监管机构，识别系统重要性地方政府，对其有效防范地方政府债务系统性风险具有重要作用。

表 6.1　2022 年我国七大区域债务余额与均值

地区	省份	余额（亿元）	均值（亿元）
东北地区	黑龙江、吉林、辽宁	25435.00	8478.33
华北地区	北京、天津、山西、河北、内蒙古	50586.00	10117.20
华东地区	上海、江苏、浙江、安徽、福建、江西、山东	109053.00	15579.00
华中地区	河南、湖北、湖南	44438.00	14812.67
华南地区	广东、广西、海南	38280.00	12760.00
西南地区	重庆、四川、贵州、云南、西藏	52945.00	10589.00
西北地区	陕西、甘肃、青海、宁夏、新疆	29916.00	5983.20

现有学者对系统重要性地方政府债务的识别主要考虑规模与关联度两个维度。仅考虑债务规模维度，我国地方政府债务分布并不均衡，存在明显较大债务规模的省份。分区域看，由表 6.1 可以看出，2022 年，华东地区无论是债务余额总量还是债务均值均最高，分别为 109053.00 亿元与 15579.00 亿元，而西北地区的债务余额总量与债务均值均最低，分别仅为 29916.00 亿元与 5983.20 亿元，说明我国地方债务区域分布并不均衡，存在地方债务规模较大的地区。

从债务存量角度，广东、山东、江苏、浙江等十个地方政府债务的余额高达 180718 亿元，这十个省份地方债务余额合计为 350653 亿元，占全国地方债务余额的 51.54%（图 6.1），即仅从规模层面，地方政府存在系统重要性的政府机构。从债务增量角度，地方债务规模持续攀升，其中广东、山东与浙江新增债务规模较大。2022 年，我国新增地方政府债务 47567 亿元。分省份看，31 个省份的政府债务余额均有上升。其中，广东和山东的年均新增债务规模均超过 3000 亿元，新增债务额度前十省份的债务规模合计为 27872 亿元，占全国新增地方债务规模的 58.60%。

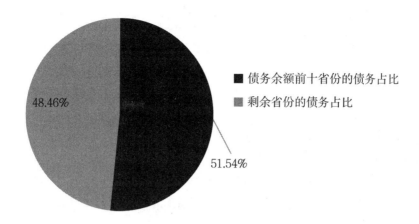

图 6.1　2022 年我国地方政府债务分省分布

数据来源：财政部官方网站

在识别系统重要性地方政府债务的因素选择上，综合考虑规模与关联度因素，对于监管者全面考虑"大而不倒"与"关联而不倒"政策具有重要意义。复杂网络不仅为研究系统性风险传染问题提供了重要的理论支撑，也是研究系统性风险传染问题与识别系统重要性地方政府债务的重要实证工具。第四章对地方政府债务网络拓扑结构与系统性风险特征进行了深入的分析。然而，拓扑性质是复杂网络在相对静止的状态下的结构特征，基于拓扑性质的系统性风险也是在相对静止状态下呈现的特征，无法描绘土地市场波动冲击下地方政府债务系统性风险动态传染过程，更无法测度土地市场波动冲击对地方政府债务系统性风险传染效应。

通过整理文献，发现级联失效可以用于解决该问题①②。级联失效是描绘网络中一个节点失效后，其对整个网络动态的连续的影响过程。级联失效过程充分反映了机构间的相互关联性在系统性风险的传播与扩散过程中的重要作用，反映了系统性风险发生的多米诺骨牌效应。地方债务网络级联失效模型同时考虑了债务规模与关联度因素，运用该模型计算得出的土地市场对地

①　徐杰，鞠颂东．物流网络的内涵分析 [J]．北京交通大学学报（社会科学版），2005，4（2）：22-26．

②　WANG J W, RONG L L. A model for cascading failure in scale-free networks with a break-down probability [J]. Physica A, 2009, 7 (388)：1289-1298.

方债务系统性风险传染效应可以全面且准确地用于识别系统重要性地方政府。

第二节　研究设计

本节构建地方政府债务网络级联失效模型用以测度土地市场波动对地方政府债务系统性风险传染效应，进而识别系统重要性地方政府。值得注意的是，由于我国尚未发生过土地市场大幅下行引发地方政府债务违约的事实，本书从情景分析视角，通过设置土地财政变动幅度来表示土地市场波动情况，进而研究土地市场波动对地方政府债务系统性风险传染效应。

一、土地市场波动下地方政府债券网络级联失效模型构建

运用地方政府债券二分网络结构分析地方政府债务系统性风险传染效应时，产生了一个新问题：基于银行间市场的单模网络，主体节点的相继违约或失效符合现实情况，即某银行的破产可能引发其他银行的破产；但二分债券网络中，单一政府的失效不完全能引发银行的破产，难以描述风险的多米诺传染效应。通过文献回顾，我们找到这一问题的解决思路：DebtRank 算法。巴蒂斯通（Battiston）[1] 最早运用 DebtRank 算法测度了一家或多家机构倒闭对其他机构的影响效应。青山（Aoyama）[2] 通过 DebtRank 算法构建"银行—企业"二分网络级联失效模型，测度了一家银行倒闭对整个网络的影响程度。DebtRank 算法实质是一种迭代计算方法。该算法的核心是不允许重复传播，风险由一个金融机构传染至另一个金融机构，禁止再沿该路径返回传染。具体而言，网络中的节点被赋予初始风险值，经过网络中的连接边扩散，直至结束，然后对每个节点的风险值进行标准化处理，进而得到整个网络的风险值，即 DebtRank 值。

---

① BATTISTON S, PULIGA M, KAUSHIK R, et al. DebtRank: too central to fail? financial networks, the FED and systemic risk [R]. 2012 (2): 541-541.

② AOYAMA H. Systemic risk in Japanese credit network [M]. Econophysics of Agent-Based Models. Cham: Springer, 2014: 219-228.

值得注意的是，DebtRank 算法在计算过程中，仅考虑了地方政府与金融机构间的关联关系。由前文图 5.5 可知，地方政府债务系统性风险传染包括土地共同冲击对地方政府、地方政府间、地方政府与金融机构间以及金融机构间等多种形式，传染过程极其复杂。目前尚未找到某种度量方法可以完整描述并测度土地市场波动对地方政府债务系统性风险传染的全部的复杂过程。本章实证研究中，主要基于金融机构与地方政府间复杂关联关系，设定地方政府债务风险通过债券承销关系传染至金融机构，再由金融机构进一步传播、扩散给其他地方政府，最终在一定时间、对一定范围造成一定程度的影响，发生地方政府债务风险级联失效反应，形成初始节点风险冲击对整体债务网络的系统性风险传染。DebtRank 算法阐释了一个地方政府陷入流动性危机对整个债券网络影响效应。同时，结合土地市场与地方政府债务紧密关系，模型中设定土地财政是地方政府债务偿债资金，并通过情景设置，就土地市场波动对地方债务系统性风险传染效应进行深化分析，模型构建主要参考何芳等①的研究，具体如下。

（一）初始条件

表 6.2　h_g 与 h_b 取值说明

取值	0	(0, 1)	1
地方政府	无偿债风险	存在偿债风险	偿债风险极大或完全违约（破产）
银行	无坏账风险	存在坏账风险	坏账风险极大或形成地方债整体坏账（破产）

h_g 代表地方政府 g 的风险值，h_b 代表银行节点 b 的风险值，h_g 与 h_b 最小取值为 0，最大取值为 1，且值越大，表示该节点的风险约高，具体见表 6.2。

（二）传导规则

DebtRank 算法测算了单个机构违约对金融系统的贡献度。为测度地方政府 $g1$ 对地方政府债券网络的传染效应，将 g_1 初始风险值设为 $h_{g1} = 1$，其他 h_g 与 h_b 设为 0。地方政府 g_1 沿着地方政府债券网络的连边对金融机构进行传染，具体如公式（6.1）：

①　何芳，滕秀秀，王斯伟. 地方政府债券复杂网络结构及系统性风险特征 [J]. 统计与决策，2020，36（4）：136-140.

$$h_b = h_b + \sum_g w_{bg} h_g \tag{6.1}$$

其次，根据公式（6.2），风险从银行端以相同方式传染给地方政府端：

$$h_g = h_g + \sum_b w_{gb} h_b \tag{6.2}$$

其中，W_{bg} 与 W_{gb} 代表传染权重矩阵，计算如下：

$$w_{gb} = \frac{C_{bg}}{\sum_{b'} C_{b'g}} \tag{6.3}$$

$$w_{bg} = \frac{C_{bg}}{\sum_{g'} C_{bg'}} \tag{6.4}$$

然后，风险继续由地方政府以公式（6.1）传染给金融机构，该过程持续进行，经过有限轮次的扩散，风险停止扩散。

（三）传导效应

就地方政府端与金融机构端风险值，根据公式（6.5）与（6.6）进行加权计算，公式（6.5）与（6.6）计算的结果分别为地方政府 g_1 触发金融机构端与地方政府端的风险贡献度。

$$d_b(g_1) = \frac{\sum_b A_b h_b}{\sum_b A_b} \tag{6.5}$$

$$d_g(g_1) = \frac{\sum_g A_g h_g}{\sum_g A_g} \tag{6.6}$$

其中，金融机构端以其营业性收入为权重（A_b），地方政府端以土地财政收入为权重（A_g），在此基础上，进一步计算地方政府 g_1 最终的 DebtRank 值。

按上述流程，计算得到地方政府 g_1 的 d_b 和 d_g。由于主承销银行一般与多家地方政府存在债券承销关系，因此传播矩阵元素一般均小于1，而地方政府 g_1 初始风险 $hg_1 = 1$，因此，d_b 小于 d_g，计算地方政府 g_1 的 DebtRank 值不能直接将 d_b 和 d_g 相加。参考青山①算法，对风险值 d_b 和 d_g 进行标准化处理，并按公式（6.7）计算地方政府 g_1 的 DebtRank 值，具体 DebtRank 算法如图 6.2 所示。

$$d(g_i) = \frac{d_b(g_i)}{E[d_b(g)]} + \frac{d_g(g_i)}{E[d_g(g)]} \tag{6.7}$$

---

① AOYAMA H. Systemic risk in Japanese credit network [M]. Econophysics of Agent-Based Models. Cham: Springer, 2014: 219-228.

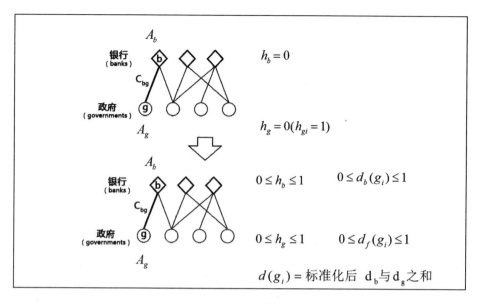

图 6.2　DebtRank 算法示意

二、土地市场波动情景设置

本书从假设情景分析视角，通过设置土地财政收入变动幅度来反映土地市场波动状况，本书主要研究土地财政分别下降 30%、50% 两种情景下地方政府债务系统性风险传染效应的变化情况。

第三节　实证分析

一、样本选择与数据来源

本节主要采集 2022 年全国各省级地方政府债券余额数据与土地财政数据，数据来源于各省级地方政府财政部门官方网站，具体为其公布的财政预算执行报告与财政决算报告。

二、地方政府债务系统性风险传染效应分析

表6.3 各省地方政府风险传染效应相关指标

省份	债券总额/亿元	债务总额排序	土地财政/亿元	土地财政排序	d_g	d_b	DebtRank	DebtRank排序
广东	25071	1	4666	4	0.136	0.131	10.649	1
浙江	20169	4	8336	2	0.177	0.089	8.549	2
江苏	20694	3	10690	1	0.212	0.076	8.298	3
山东	23588	2	5396	3	0.143	0.083	7.670	4
四川	17705	5	4297	5	0.113	0.054	5.286	5
北京	10565	16	2101	11	0.061	0.058	4.698	6
河北	15749	6	1718	15	0.068	0.055	4.672	7
福建	11903	13	2493	9	0.070	0.054	4.603	8
河南	15130	8	1927	14	0.071	0.051	4.404	9
湖南	15408	7	2952	7	0.088	0.046	4.388	10
湖北	13900	9	2453	10	0.075	0.045	4.080	11
安徽	13304	10	2822	8	0.079	0.043	4.057	12
上海	8539	23	3799	6	0.081	0.040	3.843	13
重庆	10071	17	1562	17	0.051	0.046	3.805	14
贵州	12473	11	1950	13	0.063	0.043	3.788	15
江西	10856	15	1960	12	0.059	0.041	3.581	16
云南	12128	12	446	20	0.041	0.040	3.255	18
天津	8646	22	379	24	0.030	0.040	3.076	18
辽宁	10976	14	426	21	0.037	0.037	2.988	19
新疆	9001	21	403	22	0.032	0.037	2.900	20
广西	9722	19	948	18	0.041	0.034	2.826	21
陕西	9787	18	1594	16	0.051	0.029	2.692	22
山西	6286	26	504	19	0.025	0.033	2.552	23
内蒙古	9340	20	323	25	0.031	0.031	2.464	24

省份	债券总额/亿元	债务总额排序	土地财政/亿元	土地财政排序	d_g	d_b	DebtRank	DebtRank排序
吉林	7168	25	289	26	0.024	0.032	2.439	25
黑龙江	7291	24	108	28	0.021	0.027	2.057	26
甘肃	6087	27	217	27	0.020	0.022	1.774	28
海南	3487	28	400	23	0.016	0.011	0.962	28
青海	3044	29	68	31	0.0096	0.012	0.902	29
宁夏	1997	30	103	29	0.0072	0.0071	0.573	30
西藏	568	31	103	30	0.0032	0.0019	0.171	31

基于 31 省地方政府债券、土地财政与承销银行数据，计算出各省地方政府的 d_g、d_b 及 DebtRank 值，结果如表 6.3 所示。

（一）政府—政府端债务系统性风险传染效应分析

由表 6.3 可以看出，DebtRank 值最高的省份是广东，其次是浙江、江苏与山东，这些省份都是我国实体经济和金融行业活跃的经济大省，DebtRank 值分别为 10.649、8.549、8.298 和 7.670，四省的 DebtRank 值均大于 7 分，可以看出广东、浙江、江苏与山东的债务潜在风险最高，其违约对整个债券网络造成的风险效应最大，是具有强烈的传染性和外部性的系统重要性地方政府债务。

DebtRank 值最低的省份是西藏，其次是宁夏、青海、海南与甘肃，它们都是经济较落后的省份，其金融行业发展水平有限，DebtRank 值分别为 0.171、0.573、0.902、0.962 和 1.774，这些省份的 DebtRank 值均小于 2 分，可以看出西藏、宁夏、青海、海南与甘肃发生债务危机时对其他政府、金融机构造成的风险效应最低，具有较小的传染性。

（二）政府—银行端系统性风险传染效应分析

由 d_g 与 d_b 值（图 6.3）可知，多数地方政府节点的系统性风险传染效应大于金融机构节点的系统性风险传染效应，说明相对于金融机构，土地财政作为地方政府债务主要偿债资金，其风险水平较低。与此同时，也说明了在地方政府债券网络级联失效模型中，相对于金融机构，地方政府是债务系统性风险扩散的薄弱环节，也就是说，地方政府更易触发债务系统性风险的多米诺骨牌效应。

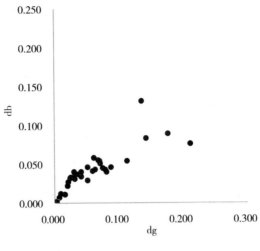

图6.3 d_g 与 d_b 值情况

三、土地财政与地方政府债务系统性风险关联分析

在 31 省地方政府债券、土地财政与承销银行数据，计算各省地方政府的 DebtRank 值基础上，研究土地财政收入分别下降 30%、50% 两种情景下，各省地方政府的 DebtRank 值变化情况。实证发现，地方政府的 d_g、d_b 及 DebtRank 值变化很小。分析其中原因，可能是由于本书构建的地方政府债券网络级联失效模型并未完全反映土地市场波动共同冲击对地方政府债务系统性风险作用效应，本书的地方债券网络级联失效模型是对土地共同冲击下系统性风险传染过程的简化，仅阐释了单个地方政府违约对全国性系统性风险的贡献度。然而，本章的实验研究应有重要的实践意义，尤其是对识别系统重要性地方政府而言意义重大。此外，本书为分析土地市场与地方债务系统性风险关系，利用土地财政、地方政府债务与 DebtRank 值进行描述性研究。

由图 6.4（a）可以看出，一是土地财政规模与 DebtRank 值之间整体呈正向关系，即土地财政规模大的省份，其债务系统性风险传染效应较大；土地财政规模小的省份，其债务系统性风险传染效应较小。这可能是因为地方政

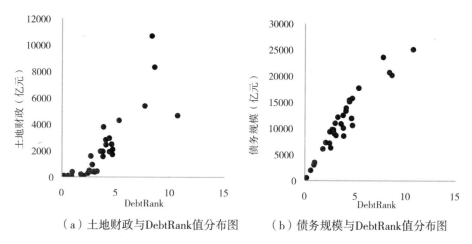

（a）土地财政与DebtRank值分布图　　（b）债务规模与DebtRank值分布图

图 6.4　土地财政、债务规模与 DebtRank 值分布图

府在财政压力、投资冲动、政治激励等多种动机下①②，面临巨大的融资压力。高额土地财政为地方政府举债融资提供了担保，增强了地方政府偿还债务的信心和能力③，激励地方政府更大规模举债，增强了地方政府与商业银行间的业务联系，进而导致土地财政规模高的省份发生偿债风险时可通过金融系统传导产生更大的连锁反应，对地方政府债务整体网络造成的风险传染效应更大。

二是观察图 6.4（a）中各省土地财政规模和 DebtRank 值分布，还可以发现地方债务网络节点重要性存在典型的二八效应，即多数省份土地财政规模较低，且存在较小的系统性风险传染效应，表现为较密集地分布于左下区域，少数省份同时占据较高的土地财政规模和较大的系统性风险传染效应，表现为零星分布于右上区域。二八现象反映出地方政府债务网络中存在系统重要性地方政府节点，政府监管部门可通过削平少量"尖头"节点大幅降低地方

①　LICHTENBERG E，DING C. Local officials as land developers：urban spatial expansion in China [J]. Journal of urban economics，2009，66（1）：57-64.

②　贾俊雪，张超，秦聪，等. 纵向财政失衡、政治晋升与土地财政 [J]. 中国软科学，2016（9）：144-155.

③　余靖雯，王敏，郭凯明. 土地财政还是土地金融？——地方政府基础设施建设融资模式研究 [J]. 经济科学，2019（1）：69-81.

政府债务整体网络的系统性风险。

三是观察图6.4（b）中各省债务规模和DebtRank值分布，可以发现两者间呈正向关系，即债务规模大的省份，其债务系统性风险传染效应较大；债务规模小的省份，其债务系统性风险传染效应较小。如DebtRank值排名前五的省份为广东、浙江、江苏、山东与四川，同时该五省债务规模排名也位居前五，分别为第一位、第四位、第三位、第二位与第五位。

值得注意的是，本书DebtRank算法中把所有政府节点的初始风险值预设为统一值，DebtRank值量化了单一地方政府初始偿债风险为1时对整体债务网络造成的潜在的、系统性的风险传染效应的大小。但现实中不同省份的偿债压力和初始偿债风险多数情况下并不一致。

前文提及，本书在土地市场波动对地方政府债务系统性风险传染效应计算中，为简化模型计算，在测度一家地方债务系统性风险传染效应时，将其他地方债务初始风险均设置为0。然而，真实世界中，各地方政府的初始风险值并非为零，且可能各不相同。本书利用地方政府债务与土地财政比例作为脆弱度指标，用以表示地方政府初始债务风险情况。各省份的DebtRank值、土地出让金及脆弱度指标如图6.5所示。

从图6.5可以看出，DebtRank值高的政府节点，其自身脆弱度处于较低水平，如浙江、江苏的DebtRank值分别高达8.55、8.30，其脆弱度仅为2.42、1.94；自身脆弱度高的地方政府节点，其DebtRank值处于较低水平，如青海、甘肃的脆弱度分别高达44.76、28.05，其DebtRank值仅为0.90、1.77。这一方面解释系统性风险传染效应高的地方政府节点，由于其偿债压力和初始违约风险低，这部分节点不易发生系统性风险；偿债压力和初始违约风险高的政府节点，由于其系统性风险传染效应处于较低水平，对整体债券网络传染效应有限。另一方面指导地方政府监管部门对地方债务系统性风险传染效应值高的节点，在监控其脆弱度的同时，应积极控制其DebtRank值；对高脆弱度的节点，一定程度上可放宽其DebtRank值控制，应重点降低其初始风险。

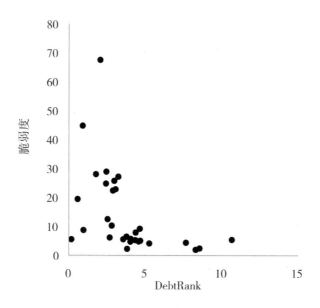

图 6.5 DebtRank 值及脆弱度分布图

第四节 本章小结

本章基于土地市场与地方政府债务紧密关联的事实，运用复杂网络理论，借鉴 DebtRank 算法思想，构建地方政府债券网络级联失效模型，采集 2022 年的全国省级层面的地方政府债券、土地财政与商业银行资产等相关数据，测度土地市场对地方政府债务系统性风险传染效应。并从情景分析视角，通过设置土地财政分别下降 30% 和 50% 两种情景来表示土地市场波动状况，进而研究土地市场波动对地方政府债务系统性风险传染效应。通过对省级数据的实证分析，发现以下结论。

（1）DebtRank 值最高的省份是广东、浙江、江苏与山东，这些省份债务潜在风险最高，其违约对整个债券网络造成的风险效应最大。DebtRank 值最低的省份是西藏、宁夏、青海、海南与甘肃，这些省份发生债务危机时对其他政府、金融机构造成的风险效应最低，具有较小的传染性。

（2）银行端系统性风险传染效应显著小于政府端系统性风险传染效应，即在债务网络级联失效过程中，政府是风险传染的薄弱环节。

（3）土地财政规模与 DebtRank 值呈显著的正向关系。土地财政规模大的省份，其债务系统性风险传染效应较大；土地财政规模小的省份，其债务系统性风险传染效应较小。

（4）地方政府债务网络节点重要性存在二八效应。多数省份土地财政规模较低，且存在较小的系统性风险传染效应；少数省份同时存在较高的土地财政规模和较大的系统性风险传染效应。

（5）系统性风险传染效应高的地方政府节点，其自身脆弱度较低，而不易发生系统性风险；自身脆弱度高的地方政府节点，其系统性风险传染效应较低，而对整体债券网络传染效应有限。

（6）土地财政分别下降30%和50%两种情景下，31省地方政府的 Debt-Rank 值变化很小。

结论与展望

第一节　结论

通过本书研究与分析，主要得出以下结论。

（1）地方政府债务系统性风险的一般演进过程包括累积、爆发与传染三个阶段。地方政府债务系统性风险的累积是一个漫长的过程，而爆发只是地方政府债务系统性风险的一个特殊阶段和特殊状态。当地方政府债务系统性风险累积到一定的临界值，地方政府整体或部分遭受某种突发的负向冲击便会成为地方债务系统性风险爆发的导火索，导致地方政府债务系统性风险爆发，进而传染、扩散，最终引发灾难性危机。

（2）地方政府债务系统性风险累积主要表现为时间维度上地方政府债务内生脆弱性增加与截面维度上地方政府与金融机构间业务关联增强两个方面。我国地方政府债务系统性风险累积过程可以概括为利益驱动下地方政府积极举债—地方政府风险偏好上升—地方政府增加投资规模—地方政府债务风险敞口扩大—地方政府债务内生脆弱性增加—地方政府债务系统性风险持续积聚……地方政府债务系统性风险越来越接近爆发的临界值。其中，地方政府债务内生脆弱性是地方政府债务系统性风险累积的根源，GDP 锦标赛制度是地方债务系统性风险累积的重要动力，土地要素在地方政府债务系统性风险累积中起到了推波助澜的作用。

地方政府一般债券与专项债券的投机性融资模式比重均较高，投机性融资模式比重高达八成以上，地方政府借新还旧问题较突出，债务内生脆弱性问题较严重。随着置换债券与新增债券逐渐到期，地方政府投机性融资模式的债务规模会逐渐增加。同时，在GDP晋升锦标赛激励下，地方政府持续增加财政支出与扩张债务规模，地方政府债务投机性融资模式占比会逐渐增加，进而导致地方政府债务脆弱性越来越高，地方政府与金融机构间关联关系愈加密切，地方政府债务系统性风险不断累积。

复杂网络用于研究地方政府债务系统性风险累积特征具有适用性。复杂网络研究方法为地方政府债务网络结构研究提供新的理解视角和实证支持，对辨识系统性风险及其网络特征，支持我国政府监管部门精准防控风险具有重要的意义。地方政府债务网络稳定性下降，整体债务网络也呈现脆弱度增大的态势，系统性风险不断积蓄。地方政府债券网络系统性风险传染复杂性增加，表现为网络内部的风险传导直径较短以及节点间路径关系较多、银行节点中存在较大的中心性差异以及政府节点中存在中心性异常节点、政府核心区域数量以及政府间债务关联性呈现减少状态。

（3）预算视角层面，土地财政预算与地方政府债务预算均是地方政府预算管理体系的重要组成部分。其中，土地相关税收预算与一般债务预算属于地方政府一般公共预算，土地使用权出让预算与专项债务预算属于地方政府性基金预算。融资视角层面，土地财政是地方政府重要的内源融资资金来源、地方政府债券是地方政府唯一法定外源融资资金来源、地方政府债务举借依赖稳定的土地财政、地方政府债务偿还依赖土地财政。

土地财政、地方政府融资和地方债务构成了一个相互依存的自循环系统，实现了地方政府大规模的投资资金需求。在这个系统中，地方政府融资是联系土地财政与地方政府债务的载体，土地价格预期增长是这个系统能否稳定运行的关键。

中国土地财政制度下，地方政府面临共同的土地风险敞口，一旦土地市场下行，土地风险会同时严重增加各地方政府债务流动性风险。一旦所有地方政府都采取出售土地资产等控制风险的审慎行动时，产生的溢出效应会进一步削弱土地资产价格，反过来又会作用于地方政府，放大地方政府共同风险敞口，进而导致多米诺骨牌效应，或将引发地方政府债务系统性风险的爆发。

（4）土地市场波动对地方政府债务系统性风险传染主要包括融资视角与网络视角两个层面。融资视角层面，土地市场下行对地方政府债务系统性风险传染主要包括偿债资金、政府信用与内源融资三个渠道，具体路径分别为"土地市场萧条—土地财政收入减少—地方债务偿还能力降低—地方债务流动性风险加大""土地市场萧条—土地财政收入降低—政府信用水平降低，政府债务融资能力降低—新增债券与再融资债券均减少—地方债务流动性风险加大""土地市场萧条—土地财政收入减少—地方政府内源融资资金减少，债务融资压力增加—地方债务流动性风险加大"。土地市场波动可通过偿债资金、政府信用与内源融资渠道对地方政府债务流动性风险进行传染与扩散，进而导致土地市场风险迅速传播，或将造成灾难性的损失。

网络视角层面，土地市场波动对地方债务系统性风险传染主要包括地方政府与金融机构间直接传染、地方政府与地方政府间间接传染。具体而言，一是由于地方政府债务风险对金融机构存在较强的外部性，同时地方政府与金融机构间有直接业务关联关系，地方政府与金融机构间有直接关联传染，尤其是那些具有系统重要性的地方政府节点，债务规模大、网络关联性强，其债务流动性风险一旦触发，不仅可能使本地区政府陷入财政困局和债务风险当中，还可能通过金融系统传导产生连锁反应，转化为区域性、系统性风险。二是由于相同的土地财政"业务"，导致地方政府间形成间接的关联关系，地方政府债务风险可在地方政府间传染，尤其是当具有系统重要性的地方政府被迫抛售土地资产偿还债务时，会加剧土地市场下行，进而导致其他地方政府财政风险增加，致使地方政府债务系统性风险扩散和传播。

综合地方政府与金融机构间直接传染、地方政府与地方政府间间接传染以及金融机构间复杂传染，构建土地市场波动对地方债务系统性风险传染网络模型。土地市场波动对地方债务系统性风险的传染过程可以概述为通过内源融资、政府信用、偿债资金与流动性等渠道，土地市场波动迅速传染到各地方政府，导致地方政府债务面临流动性风险；地方政府债务流动性风险又分别通过直接业务关联与相同土地财政"业务"形成的间接关联关系向金融机构与其他地方政府传播、扩散，导致风险迅速从一个机构传染到多个机构，从一个市场传染到多个市场。与此同时，地方政府与金融机构的恐慌情绪迅速增加，信心迅速降低，加剧土地资产的抛售行为，反过来又加快了恐慌情绪蔓延的速度，最终导致多个市场的信心崩溃，土地价格呈现自由落体式下降，流动性瞬间枯竭，市场信心瞬间崩溃，恐慌情绪随处蔓延，地方政府发生偿付危机，金融机构纷纷倒闭，宏观经济形势骤转急下，最终形成金融危机，造成全局性灾难。

（5）通过对省级数据的土地市场波动对地方政府债券网络级联失效模型的实证研究，发现 DebtRank 值最高的省份是广东、浙江、江苏与山东，这些省份债务潜在风险最高，其违约对整个债券网络造成的风险效应最大。Debt-Rank 值最低的省份是西藏、宁夏、青海、海南与甘肃，这些省份发生债务危机时对其他政府、金融机构造成的风险效应最低，具有较小的传染性。银行端系统性风险值显著小于政府端系统性风险值。土地财政规模与 DebtRank 值呈显著的正向关系且均存在二八效应。DebtRank 值高的政府节点，其自身脆弱度较低，不易发生系统性风险；自身脆弱度高的政府节点，其 DebtRank 值较低，对整体债券网络传染效应有限；土地财政分别下降30%、50%两种情景下，31 省地方政府的 DebtRank 值变化很小。

第二节　建议

基于土地市场波动对地方政府债务系统性风险累积、爆发与传染的重要作用，主要从积极推进土地相关制度改革、限制地方政府过度举债融资与宏观审慎框架下加强地方政府监管三个层面提出地方政府债务系统性风险的防控建议。

首先，积极推进土地相关制度改革。（1）地方政府以土地出让金作为偿债资金的主要来源，其抵御风险能力较差，且更容易对风险传播起到蝴蝶效应，应推进新型城镇化，根本改革地方政府对土地财政的依赖。（2）加快房地产税改革，使其成为地方政府主要税种，降低地方政府财政对土地财政的依赖。通过房地产税改革，可以保障地方政府由相对稳定的财政收入，而且某种程度上会抑制地方政府主观上促地价的内在动机。

其次，限制地方政府过度举债融资。（1）改变现行唯 GDP 的政绩考核体系和官员晋升制度，从源头上控制地方政府举债冲动，从体制层面遏制地方政府持续借新债还旧债的动力。（2）建立更为科学的政绩考核指标，增加地方政府债务风险管理的政绩考核指标，积极引入社会公众对地方政府政绩的考核。（3）明确政府与市场关系，完善地方政府职能，积极推进地方政府提供公共服务和公共产品的职能转变。（4）建立地方政府融资渠道的多元化，积极鼓励社会资本参与，缓解地方政府发展经济对债务融资的依赖。

最后，宏观审慎框架下加强地方政府监管。（1）本书地方政府债券网络级联失效模型充分反映了单个地方政府陷入债务困境对整个债务网络体系的风险传染效应，更接近债务系统性风险发生的实际情况。因此，政府监管部门需要对广东、浙江、江苏、山东等 DebtRank 高、债券规模大的省份进行重点监测。（2）根据我国地方政府债务网络节点重要性存在二八效应，政府监管部门可通过削平少量系统重要性政府节点大幅降低地方政府债务整体网络的系统性风险，如广东、浙江、江苏、山东等，防范区域债务系统性风险扩散导致债务系统性危机。（3）监管部门对系统性风险传染效应高地方政府，在监控其自身脆弱度的同时，应积极控制其 DebtRank 值；对高脆弱度的地方政府，应重点降低其初始风险。

第三节　展望

本书的研究还存在一定的不足和局限性，有待后续进一步的研究。首先，本书在地方政府债务系统性风险传染模型基础上，受限于数据等原因，简化了其中风险传染渠道，重点基于地方政府与金融机构间的债券承销关系构建地方政府债务复杂网络。其次，本书仅将土地财政作为地方债务主要偿债资金加入地方政府债券级联失效模型，缺少土地价格波动、土地市场流动性、土地成交面积等土地市场波动要素对地方政府债务系统性风险传染效应的动态影响分析。最后，本书在地方政府预算体系基础上，基于融资视角，研究土地市场和地方政府债务关联关系，构建土地市场与地方政府债务互动模型，研究土地市场波动对地方政府债务系统性风险触发与传染，并利用地方政府财政相关流量数据进行实证分析。以上均为流动性层面研究，缺少基于存量视角的土地市场波动对地方政府债务系统性风险影响研究。

　　需要指出的是本研究创新之处主要是探究了地方政府债务系统性风险内涵与形成机理，刻画了土地市场波动对地方政府债务系统性风险累积、爆发与传染机理。此外，在上述研究的基础上，利用复杂网络对地方政府债务网络系统性风险特征及传染效应进行分析。

参考文献

一、中文文献

（一）著作

[1] 王永钦. 中国地方政府融资平台的经济学：效率、风险与政策选择 [M]. 上海：格致出版社，上海人民出版社，2014.

[2] 邱成学. 农村财政与金融 [M]. 南京：东南大学出版社，2011.

[3] 朱民. 改变未来的金融危机 [M]. 北京：中国金融出版社，2009.

[4] 刘尚希，于国安. 地方财政或有负债：隐匿的财政风险 [M]. 北京：中国财政经济出版社，2002.

[5] 李吉栋. 地方政府债务风险管理与融资创新 [M]. 北京：经济管理出版社，2017.

[6] 李拉亚. 宏观审慎管理的理论基础研究 [M]. 北京：经济科学出版社，2016.

[7] 何芳，滕秀秀，陈熙. 土地市场对地方政府性债务风险压力与系统性传染效应研究 [M]. 上海：同济大学出版社，2019.

[8] 魏加宁. 地方政府债务风险化解与新型城市化融资 [M]. 北京：机械工业出版社，2014.

（二）期刊

[1] 刁伟涛，郭慧岩. 地方政府债务风险的省际关联和非对称传导——基于一般和专项债券的双网络分析 [J]. 金融与经济，2023（2）.

[2] 刁伟涛. 财政新常态下地方政府债务流动性风险研究：存量债务置

换之后 [J]. 经济管理, 2015, 37 (11).

[3] 马万里, 张敏. 地方政府隐性举债对系统性金融风险的影响机理与传导机制 [J]. 中央财经大学学报, 2020 (3).

[4] 马亚明, 王若涵, 胡春阳. 地方政府债务风险对金融压力的溢出效应——兼论重大突发事件冲击的影响 [J]. 经济与管理研究, 2021, 42 (9).

[5] 马运全. 我国银行业系统性风险: 预警模型与实证分析 [J]. 华北电力大学学报 (社会科学版), 2011 (5).

[6] 马君潞, 范小云, 曹元涛. 中国银行间市场双边传染的风险估测及其系统性特征分析 [J]. 经济研究, 2007 (1).

[7] 马勇. 系统性金融风险: 一个经典注释 [J]. 金融评论, 2011, 3 (4).

[8] 马恩涛, 姜超. 基于 AHP-TOPSIS 法的我国地方政府债务风险测度研究 [J]. 南开经济研究, 2022 (6).

[9] 马海涛, 吕强. 我国地方政府债务风险问题研究 [J]. 财贸经济, 2004 (2).

[10] 王力伟. 宏观审慎监管研究的最新进展: 从理论基础到政策工具 [J]. 国际金融研究, 2010 (11).

[11] 王小鲁, 樊纲. 中国地区差距的变动趋势和影响因素 [J]. 经济研究, 2004 (1).

[12] 王永钦, 陈映辉, 杜巨澜. 软预算约束与中国地方政府债务违约风险: 来自金融市场的证据 [J]. 经济研究, 2016, 51 (11).

[13] 王克强, 胡海生, 刘红梅. 中国地方土地财政收入增长影响因素实证研究——基于 1995—2008 年中国省际面板数据的分析 [J]. 财经研究, 2012, 38 (4).

[14] 王柏杰. 制度与债务危机: 一个国际比较分析框架 [J]. 当代经济科学, 2015 (4).

[15] 王洋, 傅娟. 从允许地方政府发债看打破金融行业行政垄断 [J]. 财政研究, 2015 (2).

[16] 王博, 齐炎龙. 宏观金融风险测度: 方法、争论与前沿进展 [J].

经济学动态, 2015 (4).

[17] 王锋, 高远, 吴从新. 系统重要性地方政府债务的识别研究 [J]. 财经论丛, 2018, 231 (3).

[18] 牛星, 吴冠岑. 我国土地财政规模的区域差异比较分析——基于1999—2009 省级层面的数据 [J]. 管理现代化, 2012 (5).

[19] 牛霖琳, 洪智武, 陈国进. 地方政府债务隐忧及其风险传导——基于国债收益率与城投债利差的分析 [J]. 经济研究, 2016, 51 (11).

[20] 毛捷, 曹婧. 中国地方政府债务问题研究的文献综述 [J]. 公共财政研究, 2019, 5 (1).

[21] 毛锐, 刘楠楠, 刘蓉. 地方政府债务扩张与系统性金融风险的触发机制 [J]. 中国工业经济, 2018 (4).

[22] 文宗瑜. 政府全口径预算 推转型、促民生 [J]. 北京人大, 2014 (2).

[23] 方红生, 张军. 中国地方政府竞争、预算软约束与扩张偏向的财政行为 [J]. 经济研究, 2009 (12).

[24] 方意, 黄杏, 贾妍妍. 地方政府债务风险溢出效应研究 [J]. 经济理论与经济管理, 2023, 43 (3).

[25] 巴曙松, 王璟怡, 杜婧. 从微观审慎到宏观审慎：危机下的银行监管启示 [J]. 国际金融研究, 2010 (5).

[26] 邓力平. 中国特色社会主义财政、预算制度与预算审查 [J]. 厦门大学学报 (哲学社会科学版), 2014 (4).

[27] 邓子基, 唐文倩. "土地财政" 与我国地方财政收入的平稳转型 [J]. 福建论坛 (人文社会科学版), 2012 (4).

[28] 邓秋云, 邓力平. 政府性基金预算：基于中国特色财政的理解 [J]. 财政研究, 2016 (7).

[29] 石友蓉. 风险传导机理与风险能量理论 [J]. 武汉理工大学学报 (信息与管理工程版), 2006 (9).

[30] 龙浩, 何芳, 范徽. 土地出让市场的风险识别与评估 [J]. 中国房地产, 2018 (30).

[31] 卢荻，张强，蒋盛君，等．金融不稳定性是外生冲击引起的吗[J]．当代经济科学，2011，33（4）.

[32] 田新民，武晓婷．地方债务、土地市场和房价波动[J]．数量经济研究，2017，8（2）.

[33] 白川方明，何乐．宏观审慎监管与金融稳定[J]．中国金融，2010（4）.

[34] 司海平，魏建，刘小鸽．土地财政与地方政府债务陷阱——基于发债动机与偿债能力的双重视角[J]．经济经纬，2016，33（4）.

[35] 曲波，谢经荣，王玮．中国房地产周期波动的评介与探析[J]．中国房地产金融，2003（2）.

[36] 吕江林，赖娟．我国金融系统性风险预警指标体系的构建与应用[J]．江西财经大学学报，2011（2）.

[37] 朱元倩，苗雨峰．关于系统性风险度量和预警的模型综述[J]．国际金融研究，2012（1）.

[38] 朱淑珍．金融创新理论述评[J]．东华大学学报（自然科学版），2002（3）.

[39] 朱道林，谢保鹏．地方政府债务风险防控及其与土地财政的关系[J]．中国发展，2015，15（4）.

[40] 伍志文．中国金融脆弱性：综合判断及对策建议[J]．国际金融研究，2002，19（8）.

[41] 伏润民，缪小林，王敏，等．我国公共财政安全监测预警机制构建——一个理论研究框架[J]．财贸经济，2013（8）.

[42] 伏润民，缪小林，高跃光．地方政府债务风险对金融系统的空间外溢效应[J]．财贸经济，2017，38（9）.

[43] 伏润民，缪小林．地方政府债务权责时空分离：理论与现实——兼论防范我国地方政府债务风险的瓶颈与出路[J]．经济学动态，2014（12）.

[44] 刘尚希．中国财政风险的制度特征："风险大锅饭"[J]．管理世界，2004（5）.

[45] 刘尚希．财政风险：一个分析框架[J]．经济研究，2003（5）.

［46］刘骅，卢亚娟．转型期地方政府投融资平台债务风险分析与评价［J］．财贸经济，2016（5）．

［47］刘琦．地方政府债务风险：生成机制与规制路径［J］．学术界，2023（11）．

［48］刘蓉，李娜．地方债务密集度攀升的乘数和双重挤出效应研究［J］．管理世界，2021，37（3）．

［49］刘楠楠，侯臣．我国地方政府债务的可持续性分析［J］．经济学家，2016（7）．

［50］刘澜飚，陈晨，王博．举债权放松能否缓解地方政府债务风险？［J］．管理科学学报，2023，26（7）．

［51］祁神军，万清，张云波，等．房地产周期波动及价格趋势分析与预测［J］．武汉理工大学学报（信息与管理工程版），2011，33（2）．

［52］许弟伟．地方政府债务风险的传导机制与协同治理［J］．宏观经济管理，2022（8）．

［53］孙国伟，孙立坚．地方财政搭便车、财政货币承诺与地方债务治理［J］．世界经济研究，2013（2）．

［54］孙建飞，袁奕．财政分权、土地融资与中国的城市扩张——基于联立方程组计量模型的实证分析［J］．上海经济研究，2014（12）．

［55］杨十二，李尚蒲．地方政府债务的决定：一个制度解释框架［J］．经济体制改革，2013（2）．

［56］杨志勇．地方政府债务风险：形势、成因与应对［J］．人民论坛，2023（9）．

［57］杨艳，刘慧婷．从地方政府融资平台看财政风险向金融风险的转化［J］．经济学家，2013（4）．

［58］杨继东，杨其静，刘凯．以地融资与债务增长——基于地级市面板数据的经验研究［J］．财贸经济，2018，39（2）．

［59］李小林，董礼媛，司登奎．地方政府债务治理与实体企业系统性风险［J］．财经研究，2023，49（8）．

［60］李方方，魏伟，王周伟．系统重要性地方政府综合识别研究——基

于个体风险与信息传染风险视角 [J]. 财经理论与实践, 2020, 41 (1).

[61] 李玉龙. 地方政府债券、土地财政与系统性金融风险 [J]. 财经研究, 2019, 45 (9).

[62] 李关政, 彭建刚. 经济周期、经济转型与企业信用风险评估——基于系统性风险的 Logistic 模型改进 [J]. 经济经纬, 2010 (2).

[63] 李军杰, 钟君. 中国地方政府经济行为分析——基于公共选择视角 [J]. 中国工业经济, 2004 (4).

[64] 李尚蒲, 罗必良, 何勤英. 土地市场化是否推动城投债发行? [J]. 经济评论, 2017 (4).

[65] 李晓安.《民法典》之"信用"的规范性分析 [J]. 理论探索, 2020 (4).

[66] 李晓安. 我国社会信用法律体系结构缺陷及演进路径 [J]. 法学, 2012 (3).

[67] 李程, 刘雅欣. 空间经济学视角下的地方政府债务风险溢出效应研究 [J]. 云南财经大学学报, 2022, 38 (11).

[68] 肖璞, 刘轶, 杨苏梅. 相互关联性、风险溢出与系统重要性银行识别 [J]. 金融研究, 2012 (12).

[69] 吴文锋, 胡悦. 财政金融协同视角下的地方政府债务治理——来自金融市场的证据 [J]. 中国社会科学, 2022 (8).

[70] 吴旭东, 张果. 我国政府性基金的性质、规模与结构研究 [J]. 财经问题研究, 2014 (11).

[71] 吴盼文, 曹协和, 肖毅, 等. 我国政府性债务扩张对金融稳定的影响——基于隐性债务视角 [J]. 金融研究, 2013 (12).

[72] 吴冠岑, 牛星, 田伟利. 我国土地财政规模与区域特性分析 [J]. 经济地理, 2013, 33 (7).

[73] 吴冠岑. 土地供给、分配机制与地方财政风险防范 [J]. 改革, 2012 (4).

[74] 吴海军. 地方政府债务治理、地理禀赋与债务结构分化 [J]. 经济管理, 2023, 45 (12).

[75] 邱栎桦，伏润民．财政分权、政府竞争与地方政府债务——基于中国西部 D 省的县级面板数据分析 [J]．财贸研究，2015 (3)．

[76] 何芳，滕秀秀，王斯伟．地方政府债券复杂网络结构及系统性风险特征 [J]．统计与决策，2020，36 (4)．

[77] 何杨，王蔚．土地财政、官员特征与地方债务膨胀——来自中国省级市政投资的经验证据 [J]．中央财经大学学报，2015 (6)．

[78] 何青，钱宗鑫，刘伟．中国系统性金融风险的度量——基于实体经济的视角 [J]．金融研究，2018 (4)．

[79] 余靖雯，王敏，郭凯明．土地财政还是土地金融？——地方政府基础设施建设融资模式研究 [J]．经济科学，2019 (1)．

[80] 况伟大，王湘君．土地市场波动、限购与地方债交易市场风险——来自中国城投债交易市场的证据 [J]．中国软科学，2019 (10)．

[81] 沈雨婷．财政分权与晋升激励对地方政府债务影响研究 [J]．甘肃社会科学，2019 (1)．

[82] 宋常，聂明谏，秦超．地方政府债务风险系统溯源与仿真分析 [J]．上海金融，2023 (1)．

[83] 张元端．新的经济增长点与房地产业周期波动规律 [J]．中国房地产，1996 (12)．

[84] 张凯云．我国地方政府信用评级现状及其完善——基于国内外评级机构比较分析 [J]．地方财政研究，2016 (11)．

[85] 张莉，王贤彬，徐现祥．财政激励、晋升激励与地方官员的土地出让行为 [J]．中国工业经济，2011 (4)．

[86] 张莉，年永威，刘京军．土地市场波动与地方债——以城投债为例 [J]．经济学（季刊），2018，17 (3)．

[87] 张晓朴．系统性金融风险研究：演进、成因与监管 [J]．国际金融研究，2010 (7)．

[88] 张家臻，刘亚．中国银行业系统性风险的度量和影响因素研究 [J]．经济经纬，2018，35 (5)．

[89] 张曾莲，王艳冰．土地财政、政绩利益环境与地方政府债务 [J]．

山西财经大学学报，2016，38（10）.

　　[90] 张鹏，刘力臻，刘砾丹. 影子银行、地方政府债务与系统性金融风险间的动态关联性及非对称性传导 [J]. 社会科学家，2023（3）.

　　[91] 张璇，张梅青，唐云锋. 地方政府债务风险与金融风险的动态交互影响研究——基于系统动力学模型的政策情景仿真 [J]. 经济与管理研究，2022，43（7）.

　　[92] 陈永正，董忻璐. 土地财政对地方财力及公共服务供给的影响研究述评 [J]. 上海行政学院学报，2015，16（5）.

　　[93] 陈志勇，毛晖，张佳希. 地方政府性债务的期限错配：风险特征与形成机理 [J]. 经济管理，2015，37（5）.

　　[94] 陈浩. 土地财政视角下的地方融资平台债务风险防范 [J]. 上海房地，2015（3）.

　　[95] 陈菁，李建发. 财政分权、晋升激励与地方政府债务融资行为——基于城投债视角的省级面板经验证据 [J]. 会计研究，2015（1）.

　　[96] 苗永旺，王亮亮. 金融系统性风险与宏观审慎监管研究 [J]. 国际金融研究，2010（8）.

　　[97] 范小云，王道平，方意. 我国金融机构的系统性风险贡献测度与监管——基于边际风险贡献与杠杆率的研究 [J]. 南开经济研究，2011（4）.

　　[98] 范小云，王道平，刘澜飚. 规模、关联性与中国系统重要性银行的衡量 [J]. 金融研究，2012（11）.

　　[99] 范子英. 土地财政的根源：财政压力还是投资冲动 [J]. 中国工业经济，2015，29（6）.

　　[100] 范剑勇，莫家伟. 地方债务、土地市场与地区工业增长 [J]. 经济研究，2014，49（1）.

　　[101] 欧阳志刚. 中国经济增长的趋势与周期波动的国际协同 [J]. 经济研究，2013，48（7）.

　　[102] 卓菁. 房地产周期波动研究述评 [J]. 商业时代，2009（4）.

　　[103] 周飞舟. 大兴土木：土地财政与地方政府行为 [J]. 经济社会体制比较，2010（3）.

[104] 周飞舟. 生财有道：土地开发和转让中的政府和农民 [J]. 社会学研究, 2007 (1).

[105] 周世愚. 地方政府债务风险：理论分析与经验事实 [J]. 管理世界, 2021, 37 (10).

[106] 周黎安. 中国地方官员的晋升锦标赛模式研究 [J]. 经济研究, 2007 (7).

[107] 周黎安. 晋升博弈中政府官员的激励与合作——兼论我国地方保护主义和重复建设问题长期存在的原因 [J]. 经济研究, 2004 (6).

[108] 郑宇驰. 土地价格变动对地方政府债务规模的影响研究 [J]. 价格理论与实践, 2015 (8).

[109] 郑思齐, 孙伟增, 吴璟等. "以地生财，以财养地"——中国特色城市建设投融资模式研究 [J]. 经济研究, 2014, 49 (8).

[110] 赵旭霞, 田国强. 地方政府债务与银行同业业务：理论分析与经验证据 [J]. 经济学（季刊）, 2023, 23 (1).

[111] 赵尚梅, 史宏梅, 杜华东. 地方政府在城市商业银行的大股东掏空行为——从地方政府融资平台贷款视角的研究 [J]. 管理评论, 2013, 25 (12).

[112] 胡星, 杨梦. 金融脆弱性与美国金融危机：理论与现实的思考 [J]. 经济经纬, 2009 (1).

[113] 胡星. 从次贷危机到全球金融危机：警示与反思 [J]. 社科纵横, 2009, 24 (1).

[114] 胡援成, 张文君. 地方政府债务扩张与银行信贷风险 [J]. 财经论丛, 2012 (3).

[115] 钟宁桦, 连方舟, 汪峰. 结构性去杠杆视角下的地方政府债务风险防化 [J]. 中山大学学报（社会科学版）, 2023, 63 (4).

[116] 洪源, 郭平. "土地财政"视角下的地方政府融资平台债务风险研究——以中部地区 C 市融资平台为例 [J]. 西安财经学院学报, 2012, 25 (5).

[117] 宫圆圆, 郑文博, 杨越. 房地产市场波动理论分析 [J]. 沈阳建

筑大学学报（社会科学版），2011，13（4）.

[118] 袁金凌，李琪琦. 地方政府债务风险管理研究：现状对比、经验借鉴与启示建议 [J]. 西南金融，2023（11）.

[119] 贾俊雪，张超，秦聪，等. 纵向财政失衡、政治晋升与土地财政 [J]. 中国软科学，2016（9）.

[120] 贾彦东. 金融机构的系统重要性分析——金融网络中的系统风险衡量与成本分担 [J]. 金融研究，2011（10）.

[121] 贾康，李炜光，刘军民. 关于发展中国地方政府公债融资的研究 [J]. 经济社会体制比较，2002（5）.

[122] 顾海峰，朱慧萍. 地方政府债务是否会影响银行系统性风险——基于土地财政、僵尸贷款及期限错配渠道 [J]. 经济学家，2023（2）.

[123] 徐全红. 我国全口径预算管理的问题与改革路径选择 [J]. 经济研究参考，2018（28）.

[124] 徐林，侯林岐，程广斌. 财政分权、晋升激励与地方政府债务风险 [J]. 统计与决策，2022，38（12）.

[125] 徐杰，鞠颂东. 物流网络的内涵分析 [J]. 北京交通大学学报（社会科学版），2005，4（2）.

[126] 徐忠. 新时代背景下中国金融体系与国家治理体系现代化 [J]. 经济研究，2018，53（7）.

[127] 徐博，杨薇. 地方政府专项债券风险点分析 [J]. 财政科学，2020（6）.

[128] 郭玉清，张妍，薛琪琪. 地方政府债务风险的量化识别与防范策略 [J]. 中国人民大学学报，2022，36（6）.

[129] 郭玉清. 逾期债、风险状况与中国财政安全——兼论中国财政风险预警与控制理论框架的构建 [J]. 经济研究，2011，46（8）.

[130] 唐云锋，张帆，毛军. 地方债务风险溢出效应及其影响的测度分析 [J]. 数量经济技术经济研究，2021，38（9）.

[131] 唐云锋，高剑平. 公共财政体制的特征及制度框架研究 [J]. 学术论坛，2006（1）.

[132] 唐在富.中国土地财政基本理论研究——土地财政的起源、本质、风险与未来 [J].经济经纬,2012 (2).

[133] 唐跃军,黎德福.环境资本、负外部性与碳金融创新 [J].中国工业经济,2010 (6).

[134] 陶玲,朱迎.系统性金融风险的监测和度量——基于中国金融体系的研究 [J].金融研究,2016 (6).

[135] 陶然,陆曦,苏福兵等.地区竞争格局演变下的中国转轨:财政激励和发展模式反思 [J].经济研究,2009,44 (7).

[136] 陶然,袁飞,曹广忠.区域竞争、土地出让与地方财政效应:基于 1999~2003 年中国地级城市面板数据的分析 [J].世界经济,2007 (10).

[137] 黄志刚,李明琢,董兵兵.地方政府债务违约风险传导机制及最优债务置换 [J].财经问题研究,2024 (3).

[138] 黄国桥,徐永胜.地方政府性债务风险的传导机制与生成机理分析 [J].财政研究,2011 (9).

[139] 黄金老.论金融脆弱性 [J].金融研究,2001 (3).

[140] 黄聪,贾彦东.金融网络视角下的宏观审慎管理——基于银行间支付结算数据的实证分析 [J].金融研究,2010 (4).

[141] 曹广忠,袁飞,陶然.土地财政、产业结构演变与税收超常规增长——中国"税收增长之谜"的一个分析视角 [J].中国工业经济,2007 (12).

[142] 龚强,王俊,贾坤.对中国地方政府债务问题的政策建议 [J].经济研究参考,2011 (54).

[143] 龚强,王俊,贾坤.财政分权视角下的地方政府债务研究:一个综述 [J].经济研究,2011,46 (7).

[144] 梁琪,李政,郝项超.我国系统重要性金融机构的识别与监管——基于系统性风险指数 SRISK 方法的分析 [J].金融研究,2013 (9).

[145] 梁琪,郝毅.地方政府债务置换与宏观经济风险缓释研究 [J].经济研究,2019,54 (4).

[146] 寇铁军,周波.当前分税制财政管理体制改革的成效、问题及对

策 [J]. 财政监督, 2012 (30).

[147] 隋聪, 王宗尧. 银行间网络的无标度特征 [J]. 管理科学学报, 2015, 18 (12).

[148] 隋聪, 王宪峰, 王宗尧. 银行间网络连接倾向异质性与风险传染 [J]. 国际金融研究, 2017 (7).

[149] 隋聪, 迟国泰, 王宗尧. 网络结构与银行系统性风险 [J]. 管理科学学报, 2014, 17 (4).

[150] 葛鹏飞, 黄秀路. 中国银行业系统性风险的演变: 降价抛售传染视角 [J]. 财贸经济, 2019, 40 (2).

[151] 温博慧, 柳欣. 金融系统性风险产生的原因与传导机制——基于资产价格波动的研究评述 [J]. 中南财经政法大学学报, 2009 (6).

[152] 蒲丹琳, 王善平. 官员晋升激励、经济责任审计与地方政府投融资平台债务 [J]. 会计研究, 2014 (5).

[153] 熊琛, 金昊. 地方政府债务风险与金融部门风险的"双螺旋"结构——基于非线性 DSGE 模型的分析 [J]. 中国工业经济, 2018 (12).

[154] 缪小林, 伏润民. 权责分离、政绩利益环境与地方政府债务超常规增长 [J]. 财贸经济, 2015 (4).

[155] 樊纲, 王小鲁, 马光荣. 中国市场化进程对经济增长的贡献 [J]. 经济研究, 2011, 46 (9).

[156] 樊纲, 王小鲁, 张立文等. 中国各地区市场化相对进程报告 [J]. 经济研究, 2003 (3).

[157] 戴双兴, 朱新现. 土地财政与地方融资平台债务的相互作用分析——传统城镇化融资模式的理论与实证 [J]. 福建师范大学学报 (哲学社会科学版), 2016 (3).

[158] 戴双兴, 吴其勉. 土地出让金、房地产税与地方政府债务规模实证研究 [J]. 东南学术, 2016 (2).

(三) 其他

[1] 丁灿. 系统性金融风险演进与风险抑制研究 [D]. 南京: 南京农业大学, 2012.

［2］王轶. 我国房地产周期波动的分析研究［D］. 武汉：武汉理工大学，2006.

［3］苏明政. 我国系统性金融风险的测度、传染与防范研究［D］. 大连：东北财经大学，2014.

［4］时筠仑. 房地产波动规律研究［D］. 上海：同济大学，2005.

［5］陈熙. 土地市场对地方融资平台系统性风险传染效应研究——基于复杂网络模型［D］. 上海：同济大学，2016.

［6］邵雪亚. "以地融资"视角下的地方政府债务及风险研究［D］. 杭州：浙江大学，2014.

［7］范徽. 土地信用对城投公司信用风险传导与压力测试研究［D］. 上海：同济大学，2020.

［8］夏诗园. 地方政府债务宏观风险实证分析［D］. 北京：首都经济贸易大学，2017.

［9］谢保鹏. 基于土地财政的地方政府债务研究：规模、风险及其传导［D］. 北京：中国农业大学，2017.

［10］徐宗燚. 关于加强政府性基金管理有关问题探讨［EB/OL］.（2010-08-23）［2012-06-11］. http：//www.cjbd.com.cn/2010-08/23/cms388191article.shtml.

［11］世界银行城市化与土地制度改革课题组. 城市化、土地制度和经济可持续发展：以土地为依托的城市化到底能持续多久？［Z］. 世界银行，2005.

二、英文文献

（一）英文著作

［1］ACHARYA V, PEDERSEN L, PHILIPPON T, et al. Measuring systemic risk［M］. C.E.P.R. Discussion Papers, 2012.

［2］ACHARYA V, RICHARDSON M. Restoring financial stability：how to repair a failed system［M］. Hoboken, New Jersey：John & Sons, 2009.

［3］AOYAMA H. Systemic risk in Japanese credit network［M］. Econophysics of Agent-Based Models. Cham: Springer, 2014.

[4] BRIXI H P, SCHICK A. Government at risk: contingent liabilities and fiscal risk [M]. The World Bank, 2002.

[5] HEMMING R, KELL M, SCHIMMELPFENNIG A. Fiscal vulnerability and financial crises in emerging market economies [M]. International Monetary Fund, 2003.

[6] MINSKY H P. Inflations, recession and economic policy [M]. Columbia: Columbia University Press, 1982.

[7] POLACKOVA H. Contingent government liabilities: A hidden risk for fiscal stability [M]. World Banking Publications, 1998.

（二）期刊

[1] ACHARYA V V. A theory of systemic risk and design of prudential bank regulation [J]. Journal of Financial Stability, 2009, 5 (3).

[2] ACHARYA V V, PEDERSEN L H, PHILIPPON T, et al. Measuring systemic risk [J]. The Review of Financial Studies, 2017, 30 (1).

[3] ADAMS C, LEONHARD E. The seven bridges of königsberg [J]. Mathematical Inteligencer, 2011, 33 (4).

[4] ALLEN F, GALE D. Financial contagion [J]. Journal of Political Economy, 2000, 108 (1).

[5] ALTAVILLA C, PAGANO M, SINONELLI S. Bank exposures and sovereign stress transmission [J]. Review of Finance, 2017, 21 (7).

[6] ARELLANO C, KOCHERLAKOTA N R. Internal debt crises and sovereign defaults [J]. Journal of Monetary Economics, 2014, 68.

[7] BARABASI A L, ALBERT R. Emergence of scaling in random networks [J]. Science, 1999, 286 (5439).

[8] BARABÁSI A L, ALBERT R, JEONG H. Mean-field theory for scale-free random networks [J]. Physica A, 1999 (272).

[9] BECKER B, IVASHINA V. Financial repression in the European sovereign debt crisis [J]. Review of Finance, 2018, 22 (1).

［10］BERNANKE B S, GERTLER M, Gilchrist S, et al. The financial accelerator and the flight to quality ［J］. The Review of Economics and Statistics, 1996, 78 (1).

［11］BILLIO M, GETMANSKY M, LO A W, et al. Econometric measures of systemic risk in the finance and insurance sectors ［J］. Social Science Electronic Publishing, 2010, 104 (3).

［12］BONIS R D, STACCHINI M. Does government debt affect bank credit? ［J］. International Finance, 2013, 16 (3).

［13］BORIO C, DREHMANN M, TSATSARONIS K. Stress－testing macro stress testing: does it live up to expectations? ［J］. Journal of Financial Stability, 2014, 12.

［14］BORIO C, FURFINE C, LOWE P. Procyclicality of the financial system and financial stability: Issues and policy options ［J］. BIS papers, 2001, 1 (3).

［15］BORIO C. Implementing a macroprudential framework: Blending boldness and realism ［J］. Capitalism and Society, 2011, 6 (1).

［16］BOSS M, ELSINGER H, SUMMER M. Network topology of the interbank market ［J］. Quantitative Finance, 2004, 4 (6).

［17］BROWNLESS C T, ENGLE R. Volatility, correlation and tails for systemic risk measurement ［J］. Available at SSRN, 2012.

［18］BRUNNERMEIER M K, PEDERSEN L H. Market liquidity and funding liquidity ［J］. Review of Financial Studies, 2009, 22 (6).

［19］BURNSIDE C, EICHENBAUM M, REBELO S. Prospective deficits and the Asian currency crisis ［J］. Journal of Political Economy, 2001, 109 (6).

［20］CALOMIRIS C W. Banking crises and the rules of the game ［J］. Social Science Electronic Publishing, 2009.

［21］CHEN N K. Bank net worth, asset prices and economic activity ［J］. Journal of Monetary Economics, 2001 (48).

［22］CHIU W C, PEñA J I, WANG C W. Measuring systemic risk: Common factor exposures and tail dependence effects ［J］. European Financial Management,

2014, 21 (5).

[23] COSTA L F, OLIVEIRA O N, TRAVIESO G, et al. Analyzing and modeling real-world phenomenawith complex networks: a survey of applications [J]. Advances in Physics, 2011, 60 (3).

[24] DANIELSSON J, ZIGRAND J P. Equilibrium asset pricing with systemic risk [J]. Economic Theory, 2008, 35 (2).

[25] DEGRYSE H, NGUYEN G. Interbank exposures: An empirical examination of systemic risk in the belgian banking system [J]. International Journal of Central Banking, 2004, 3 (2).

[26] DIAMOND D W, DYBVIG P H. Bank Runs, deposit insurance, and liquidity [J]. Journal of Political Economy, 1983, 91 (3).

[27] DREHMANN M. Macroeconomic stress-testing banks: A survey of methodologies [J]. Stress Testing the Banking System: Methodologies and Applications, 2009.

[28] ELSINGER H, LEHAR A, SUMMER M. Risk assessment for banking systems [J]. Management Science, 2006, 52 (9).

[29] FERRI G. Are new tigers supplanting old mammoths in China's banking system? Evidence from a sample of city commercial banks [J]. Journal of Banking and Finance, 2009, 33 (1).

[30] FISCHER S, WILLIAM E. The economics of the government budget constraint [J]. The World Bank Observer, 1990, 5 (2).

[31] FISCHER S. The economics of government budget constraint [J]. World Bank Research Observer, 1993, 2.

[32] FRANKEL J A, ROSE A K. Currency crashes in emerging markets: an empirical treatment [J]. Social Science Electronic Publishing, 1996, 41 (3-4).

[33] FREIXAS X, PARIGI B, ROCHET J C. Systemic risk, interbank relations and liquidity provision by the central bank [J]. Journal of Money, Credit and Banking, 2000, 32.

[34] GENNAIOLI N, MARTIN A, ROSSI S. Sovereign default, domestic

banks, and financial institutions [J]. The Journal of Finance, 2014, 69 (2).

[35] GOODHART C. The boundary problem in financial regulation [J]. National Institute Economic Review, 2008, 206 (1).

[36] HAKKIO C S, KEETON W R. Financial stress: What is it, how can it be measured, and why does it matter? [J]. Economic Review, 2009, 94 (2).

[37] HE F, CHEN X. Credit networks and systemic risk of Chinese local financing platforms: Toocentral or too big to fail? [J]. Physica A: Statistical Mechanics and its Applications, 2016, 461.

[38] JEAN H. Financial firm bankruptcy and systemic risk [J]. International Financial Markets, Institutions and Money, 2010, 20 (1).

[39] KAUFMAN G G. Banking and currency crises and systemic risk: A taxonomy and review [J]. Financial Markets Institutions & Instruments, 2010, 9 (2).

[40] KIYOTAKI N, MOORE J. Credit cyeles [J]. Journal of Political Economy, 1997 (105).

[41] KRAUSE A, GIANSANTE S. Interbank lending and the spread of bank failures: A network model of systemic risk [J]. Journal of Economic Behavior & Organization, 2012, 83 (3).

[42] KRISHNAMURTHY A. Amplification mechanisms in liquidity crises [J]. American Economic Journal Macroeconomics, 2010, 2 (3).

[43] LI H, ZHOU L. Political turnover and economic performance: the incentive role of personnel control in China [J]. Journal of Public Economics, 2005, 89 (9-10).

[44] LICHTENBERG E, DING C. Local officials as land developers: Urban spatial expansion in China [J]. Journal of Urban Economics, 2009, 66 (1).

[45] MARTíNEZ-JARAMILLO S, PéREZ-PéREZ O, AVILA-EMBRIZ F, et al. Systemic risk, financial contagion and financial fragility [J]. Journal of Economic Dynamics and Control, 2010, 34 (11).

[46] MINSKY H P. The evolation of financial institutions and the performance

of the economy [J]. Journal of Economic Issues, 1986, 20 (2).

[47] MINSKY H P. The financial instablity hypothesis [J]. The Jerome Levy Economics Institute Working Paper, 1992.

[48] MISTRULLI P E. Assessing financial contagion in the interbank market: Maximum entropy versus observed interbank lending patterns [J]. Journal of Banking & Finance, 2011, 35 (5).

[49] NEWMAN M E, WATTS D J. Scaling and percolation in the small - world network model [J]. Physical Review E Statistical Physics Plasmas Fluids & Related Interdisciplinary Topics, 1999, 60 (6).

[50] OET M V, BIANCO T, GRAMLICH D, et al. SAFE: An early warning system for systemic banking risk [J]. Journal of Banking & Finance, 2013, 37 (11).

[51] PALTALIDIS N, GOUNOPOULOS D, KIZYS R, et al. Transmission channels of systemic risk and contagion in the European financial network [J]. Journal of Banking & Finance, 2015, 61.

[52] PETER G V. Asset prices and banking distress: A macroeconomic approach [J]. Journal of Financial Stability, 2009, 5 (3).

[53] REINHART C M, ROGOFF K S. From financial crash to debt crisis [J]. American Economic Review, 2011, 101 (5).

[54] ROCHET J, JEAN T. Interbank lending and systemic risk [J]. Journal of Money, Credit, and Banking, 1996, 28 (4).

[55] SARKAR A, JEFFREY S. Financial amplification mechanisms and the Federal Reserve's supply of liquidity during the crisis [J]. Economic and Policy Review, 2010, 16 (431).

[56] SCHWARCZ S L. Systemic risk [J]. Georgetown Law Journal, 2008, 97 (1).

[57] SEIDMAN S B. Network structure and minimum degree [J]. Social Networks, 1983, 5 (3).

[58] SHIN H S. Risk and liquidity in a system context [J]. Journal of Finan-

cial Intermediation, 2008, 17 (3).

[59] SORAMAKI K, BECH M L, ARNOLD J, et al. The topology of inter-bank payment flows [J]. Physica A – statistical Mechanics and Its Applications, 2007, 379 (1).

[60] STOCKMAN A C, TESAR L L. Tastes and technology in a two-country model of the business cycle: explaining international comovements [J]. American Economic Review, 1995, 85 (1).

[61] TARASHEV N, BORIO C, TSATSARONIS K. The systemic importance of financial institutions [J]. Bis Quarterly Review, 2009, 9.

[62] TOBIAS A, BRUNNERMEIER M K. CoVaR [J]. Staff Reports, 2009, 106 (7).

[63] TRAPP M, WEWEL C. Transatlantic systemic risk [J]. Journal of Banking & Finance, 2013, 37 (11).

[64] UPPER C, WORMS A. Estimating bilateral exposures in the German in-terbank market: Is there a danger of contagion? [J]. European Economic Review, 2004, 48.

[65] UPPER C. Simulation methods to assess the danger of contagion in inter-bank markets [J]. Journal of Financial Stability, 2011, 7 (3).

[66] UPPER C. Using counterfactual simulations to assess the danger of conta-gion in interbank markets [J]. Bis Working Papers, 2007, 7 (3).

[67] VINER J. Cost curves and supply curves [J]. Zeitschrift fur National Konomie, 1932, 3 (1).

[68] WANG J W, RONG L L. A model for cascading failure in scale-free networks with a breakdown probability [J]. Physica A, 2009, 7 (388).

[69] WATTS D J, STROGATZ S H. Collective dynamics of "small-world" networks [J]. Nature, 1998, 393 (6684).

（三）其他

[1] ADRIAN T, BRUNNERMEIER M. CoVar [R]. Federal Reserve Bank of New York Staff Reports, 2007.

［2］ BECHER C, MILLARD S, SORAMÄKI K. The network topology of CHAPS sterling, Bank of England ［R］. England: Bank of England, 2008.

［3］ BORIO C. Towards a macroprudential framework for financial supervision and regulation ［R］. BIS Working Papers, 2003.

［4］ BATTISTON S, PULIGA M, KAUSHIK R, et al. DebtRank: too central to fail? financial networks, the FED and systemic risk ［R］. 2012 (2).

［5］ CROCKETT A. Marrying the micro-and macroprudential dimensions of financial stability ［R］. BIS Speeches, 21 September, 2000.

［6］ DAVIS E, KARIM D. Macroprudential regulation – the missing policy pillar ［R］. Keynote address at the 6th Euroframe Conference on Economic Policy-Issuein the European Union, 2009.

［7］ ECB. Financial Stability Review ［R］. 2010.

［8］ EDSON B, CONT R. The Brazilian interbank network structure and systemic risk ［R］. Brazil: Central Bank of Brazil, 2010.

［9］ FSB, IMF, BIS. Macroprudential policy tools and frameworks ［R］. 2011.

［10］ FSF, BCBS. Assessing the macroeconomic impact pf the transition to stronger capital and liquidity requirements ［R］. Interim Report, 2010.

［11］ G20. G20 working group 1: enhancing sound regulation and strengthening transparency ［R］. 2009.

［12］ HART O, ZINGALES L. How to aviod a new financial crisis ［R］. Working Paper, 2009.

［13］ ILLING M, LIU Y. An index of financial stress for Canada ［R］. Bank of Canada Working Paper, 2003.

［14］ NAG A, MITRA A. Neural networks and early waring indicators of currency crisis ［R］. Reserve Bank of India Occasional Papers, 1999, 20 (3).

［15］ BOHN H. Budget deficits and government accounting ［C］. Carnegie-Rochester Conference Series on Public Policy. North-Holland, 1992, 37.

［16］ BERNANKE B S. Reflections on a year of crisis ［C］. Speech at the Federal Reserve Bank of Kansas City's Annual Economic Symposium, Jackson

Hole, Wyoming, 2009.

[17] WU S. LIU Y L, SONG Z Y, et al. Network structure, dynamic evolution and block characteris tics of sovereign clebt risk: The global evidence [J]. Research in International Business and Finance, 2024, 72: 102492.

[18] ALLEN F, CARLETTI E. Financial system: shock absorber or amplifier? [Z]. BIS Working Papers No. 257, 2008.

[19] ADRIAN T, SHIN H S. Liquidity and leverage [Z]. Federal Reserve Bank of New York Staff Reports, No. 328, 2009.

[20] IMF, BIS, FSB. Guidance to assess the systemic importance of financial institution, Markets and Instruments: Initial Considerations − Background Paper [Z]. 2009.

[21] KORINEK A. Systemic risk−taking: Amplification effects, externalities, and regulatory responses [Z]. Work in Progress of University of Maryland, 2009.

附录

2018 年至 2022 年地方政府债券余额承销矩阵

表 A1 2018 年地方政府债券余额承销矩阵-1（单位：亿元）

序号	安徽	北京	福建	甘肃	广东	广西	贵州	海南	河北	河南
B1	1337	752	1150	445	1933	1065	1688	338	1400	1258
B2	1333	750	1146	444	1927	1062	1682	337	1395	1254
B3	1326	746	1141	442	1879	1057	1674	335	1388	1248
B4	1060	734	1123	435	1855	879	1648	330	1367	1229
B5	1289	725	981	429	1826	1027	1627	326	1349	1213
B6	0	0	345	0	117	56	0	115	0	0
B7	50	150	4	89	10	33	71	47	0	46
B8	0	0	68	0	0	0	44	0	0	0
B9	0	0	0	0	0	123	181	0	57	140
B10	0	25	0	0	0	0	0	0	0	0
B11	0	0	0	0	98	0	0	0	0	0
B12	0	0	0	0	0	0	0	0	0	0
B13	0	0	0	7	33	0	0	0	0	0
B14	0	48	0	0	0	0	0	0	0	0
B15	0	0	0	0	0	0	0	0	54	0
B16	0	18	0	0	0	0	0	0	0	0
B17	0	0	0	0	0	0	71	0	0	0
B18	0	0	0	0	0	0	0	0	0	0
B19	0	0	0	0	0	0	0	0	0	0

续表

序号	安徽	北京	福建	甘肃	广东	广西	贵州	海南	河北	河南
B20	0	0	0	0	0	0	0	0	0	0
B21	0	0	0	0	0	0	0	0	0	0
B22	0	0	0	0	0	0	0	0	0	0
B23	0	0	0	0	0	0	0	0	0	0
B24	0	0	0	0	0	0	0	0	0	0
B25	0	0	0	0	0	0	41	0	0	0
B26	56	0	0	0	0	0	0	0	0	0
B27	0	0	0	0	0	0	0	0	0	0
B28	0	0	0	0	0	0	0	0	0	0
B29	0	0	0	0	0	0	0	0	0	0
B30	0	0	0	0	0	0	0	0	14	0
B31	0	0	0	0	0	0	0	2	0	0
B32	0	0	0	0	0	0	0	0	0	0
B33	0	0	0	0	0	0	0	0	0	0
B34	0	0	0	0	0	0	0	0	0	0
B35	0	0	0	0	0	0	5	0	0	0
B36	0	0	0	0	0	0	0	0	0	0
B37	0	2	0	0	0	0	0	0	0	0
B38	0	0	0	0	0	0	0	0	0	0
B39	0	0	0	0	0	0	0	0	0	0
B40	0	0	0	0	0	0	0	0	0	0
B41	0	0	0	0	0	0	0	0	0	0
B42	0	0	0	0	0	0	0	0	0	0
B43	0	0	0	0	0	0	0	0	0	0
B44	0	0	0	0	0	0	0	0	0	0
B45	0	0	0	0	0	0	0	0	0	0
B46	0	0	0	0	0	0	0	0	0	0

序号	安徽	北京	福建	甘肃	广东	广西	贵州	海南	河北	河南
B47	0	0	0	0	0	0	0	0	0	0
B48	0	0	0	0	0	0	0	0	0	0
B49	0	0	0	0	0	0	0	0	0	0
B50	0	0	0	0	0	0	0	0	0	0

表 A2　2018 年地方政府债券余额承销矩阵-2（单位：亿元）

序号	黑龙江	湖北	湖南	吉林	江苏	江西	辽宁	内蒙古	宁夏	青海
B1	807	1316	1673	638	2534	773	1574	1435	268	303
B2	805	1312	1667	636	2526	771	1569	1431	267	302
B3	801	1306	1659	633	2514	767	1561	1424	266	300
B4	788	1285	1633	623	2475	755	1537	1401	262	296
B5	486	1269	1612	616	2443	746	1517	0	259	292
B6	171	0	77	216	0	262	491	486	0	103
B7	0	0	45	99	0	154	0	0	54	60
B8	0	64	0	78	0	71	29	0	0	10
B9	0	0	0	0	0	0	0	0	0	0
B10	0	0	0	0	0	45	0	0	0	7
B11	0	0	0	0	0	0	0	0	0	0
B12	0	0	0	0	0	0	0	0	0	0
B13	19	0	0	9	0	13	8	92	0	0
B14	0	0	0	0	0	0	0	0	0	0
B15	0	0	0	0	0	0	0	0	0	0
B16	0	0	0	0	0	0	0	0	0	0
B17	0	0	0	0	0	0	0	0	0	0
B18	0	0	0	0	201	0	0	0	0	0
B19	0	0	0	0	201	0	0	0	0	0
B20	0	0	0	0	0	0	0	0	0	0

续表

序号	黑龙江	湖北	湖南	吉林	江苏	江西	辽宁	内蒙古	宁夏	青海
B21	0	0	0	0	0	0	0	0	0	0
B22	0	0	0	0	0	13	0	0	0	0
B23	0	0	0	0	0	0	0	0	0	0
B24	0	0	0	0	0	0	0	0	0	2
B25	0	0	0	0	0	0	0	0	0	0
B26	0	0	0	0	0	0	0	0	0	0
B27	0	0	0	0	0	0	0	0	0	0
B28	0	0	0	2	0	0	0	0	0	0
B29	0	0	0	0	0	0	0	0	0	0
B30	0	0	0	0	0	0	0	0	0	0
B31	0	0	0	0	0	0	0	0	0	0
B32	0	0	0	0	0	0	0	0	0	0
B33	0	0	0	7	0	0	0	0	0	0
B34	3	0	0	2	0	0	0	0	0	0
B35	0	0	0	0	0	0	0	0	0	0
B36	0	0	0	1	0	0	2	0	0	0
B37	0	0	0	0	0	0	0	0	0	0
B38	0	0	0	0	0	0	0	0	0	0
B39	0	0	0	0	0	0	0	0	0	0
B40	0	0	29	0	0	0	0	0	0	0
B41	2	0	0	0	0	0	0	0	0	0
B42	2	0	0	0	0	0	0	0	0	0
B43	0	0	0	0	0	0	0	0	0	0
B44	0	0	0	0	0	0	0	0	0	0
B45	0	0	0	0	0	0	0	0	0	0
B46	0	0	0	0	0	0	0	0	0	0
B47	0	0	0	0	0	0	0	0	0	0

序号	黑龙江	湖北	湖南	吉林	江苏	江西	辽宁	内蒙古	宁夏	青海
B48	0	0	0	0	0	0	0	0	0	0
B49	0	0	0	0	0	0	0	0	0	0
B50	0	0	0	0	0	0	0	0	0	0

表A3 2018年地方政府债券余额承销矩阵-3（单位：亿元）

序号	山东	山西	陕西	上海	四川	天津	西藏	新疆	云南	浙江	重庆
B1	2162	569	1056	925	1856	779	55	667	1383	2071	851
B2	2155	567	1053	922	1851	777	0	665	1378	2064	848
B3	2144	272	1048	917	1842	773	54	662	1372	2054	844
B4	2111	556	1031	903	1813	761	18	652	1350	2022	831
B5	2084	549	1018	892	1790	751	0	643	960	1706	821
B6	183	193	358	313	0	0	0	226	208	349	288
B7	85	59	35	0	0	20	0	133	0	337	0
B8	0	0	0	0	0	0	0	23	122	34	104
B9	15	0	0	0	0	92	0	0	0	0	0
B10	0	0	0	72	0	61	0	52	0	0	0
B11	106	0	0	0	0	0	0	0	0	27	0
B12	0	32	0	0	0	0	0	27	13	61	0
B13	27	0	0	0	0	0	0	0	25	0	0
B14	124	0	0	0	0	0	0	12	0	0	0
B15	0	0	0	0	0	0	0	0	0	0	0
B16	0	3	4	0	0	0	0	0	0	0	0
B17	0	0	0	0	0	0	0	0	0	0	0
B18	0	0	0	0	0	0	0	0	0	0	0
B19	0	0	0	0	0	0	0	0	0	0	0
B20	0	0	0	0	0	0	0	0	0	34	0
B21	0	0	0	0	0	12	0	0	0	0	0

续表

序号	山东	山西	陕西	上海	四川	天津	西藏	新疆	云南	浙江	重庆
B22	0	0	0	0	0	0	0	0	0	0	0
B23	59	0	0	0	0	0	0	0	0	0	0
B24	0	0	0	0	0	0	0	0	0	0	0
B25	0	0	0	0	0	0	0	0	0	0	0
B26	0	0	0	0	0	0	0	0	0	0	0
B27	0	0	0	0	0	0	0	0	0	2	0
B28	0	0	0	0	0	0	0	0	7	0	0
B29	0	5	0	0	0	0	0	0	0	0	0
B30	0	0	0	0	0	0	0	0	0	0	0
B31	0	0	0	0	0	0	0	0	0	0	0
B32	0	0	0	22	0	0	0	0	0	0	0
B33	0	0	0	0	0	0	0	0	0	0	0
B34	0	0	0	0	0	0	0	0	0	0	0
B35	0	0	0	0	0	0	0	0	0	0	0
B36	0	0	0	0	0	0	0	0	0	0	0
B37	0	0	0	0	0	0	0	0	0	0	0
B38	0	0	0	0	0	0	0	0	0	1	0
B39	0	0	0	0	0	0	0	0	4	0	0
B40	0	0	0	0	0	0	0	0	0	0	0
B41	0	0	0	0	0	0	0	0	0	0	0
B42	0	0	0	0	0	0	0	0	0	0	0
B43	5	0	0	0	0	0	0	0	0	0	0
B44	0	0	0	0	0	0	0	0	0	0	0
B45	0	0	0	0	0	0	0	0	0	0	0
B46	0	0	0	0	0	0	0	0	0	0	0
B47	0	0	0	0	0	0	0	0	0	0	0
B48	0	0	0	0	0	0	0	0	0	0	0

续表

序号	山东	山西	陕西	上海	四川	天津	西藏	新疆	云南	浙江	重庆
B49	0	0	0	0	0	0	0	0	0	0	0
B50	0	0	0	0	0	0	0	0	0	0	0

表 A4　2019 年地方政府债券余额承销矩阵-1（单位：亿元）

序号	安徽	北京	福建	甘肃	广东	广西	贵州	海南	河北	河南
B1	1619	942	1343	584	2331	1241	1858	402	1693	1545
B2	1613	938	1338	582	2322	1236	1851	401	1686	1539
B3	1609	936	1335	581	2291	1233	1846	400	1682	1536
B4	1341	925	1318	573	2269	1055	1824	395	1662	1517
B5	1548	901	1166	558	2204	1186	1776	385	1618	1477
B6	0	0	417	0	118	57	0	138	0	0
B7	45	169	10	105	17	30	64	39	0	41
B8	0	0	62	0	0	0	41	0	0	0
B9	0	0	0	0	0	148	171	0	115	181
B10	0	52	0	0	0	0	0	0	0	0
B11	0	0	0	29	107	0	28	0	46	0
B12	0	0	0	0	0	0	0	0	0	0
B13	0	0	0	0	95	0	0	0	0	0
B14	0	65	0	0	0	0	0	0	0	0
B15	0	26	0	0	0	0	0	0	0	0
B16	0	0	0	0	2	0	6	0	10	0
B17	0	0	0	0	0	0	0	0	64	0
B18	0	0	0	0	0	0	0	0	0	0
B19	0	0	0	0	0	0	0	0	0	0
B20	0	0	0	0	0	5	16	0	11	0
B21	0	0	0	0	0	0	0	0	0	0
B22	0	0	0	0	0	0	65	0	0	0

序号	安徽	北京	福建	甘肃	广东	广西	贵州	海南	河北	河南
B23	0	0	0	0	0	0	0	0	0	0
B24	0	0	0	0	0	0	0	0	0	0
B25	0	0	0	0	0	0	0	0	0	0
B26	0	0	0	0	0	0	0	0	0	0
B27	0	0	0	0	0	0	0	0	0	0
B28	0	0	0	0	0	0	40	0	0	0
B29	0	0	0	0	0	0	0	0	0	0
B30	70	0	0	0	0	0	0	0	0	0
B31	0	0	0	0	0	0	0	0	0	0
B32	0	0	0	0	0	0	0	0	0	0
B33	0	6	0	0	0	0	0	0	0	0
B34	0	0	0	0	0	0	0	0	0	0
B35	0	0	0	0	0	0	0	0	0	0
B36	0	0	0	0	0	0	5	0	0	0
B37	0	0	0	0	0	0	0	0	0	0
B38	0	0	0	0	0	0	0	0	0	0
B39	0	0	0	0	0	0	0	0	9	0
B40	0	0	0	0	0	0	0	0	0	0
B41	0	0	0	0	0	0	0	0	0	0
B42	0	0	0	0	0	0	0	0	0	0
B43	0	0	0	0	0	0	0	0	4	0
B44	0	0	0	0	0	0	2	0	0	0
B45	0	0	1	0	0	0	2	0	0	0
B46	0	0	0	0	0	0	2	0	0	0
B47	0	0	0	0	0	0	0	0	0	0
B48	0	0	0	0	0	0	0	0	0	0
B49	0	0	0	2	0	0	0	0	0	0

续表

序号	安徽	北京	福建	甘肃	广东	广西	贵州	海南	河北	河南
B50	0	0	0	0	0	0	0	0	0	0
B51	0	0	0	0	0	0	0	0	0	0
B52	0	0	0	0	0	0	0	0	0	0
B53	0	0	0	0	0	0	0	0	0	0
B54	0	0	0	0	0	0	0	0	0	0
B55	0	0	0	0	0	0	1	0	0	0
B56	0	0	0	0	0	0	1	0	0	0
B57	0	0	0	0	0	0	1	0	0	0
B58	0	0	0	0	0	0	1	0	0	0
B59	0	0	0	0	0	0	1	0	0	0
B60	0	0	0	0	0	0	1	0	0	0
B61	0	0	0	0	0	0	1	0	0	0
B62	0	0	0	0	0	0	1	0	0	0
B63	0	0	0	0	0	0	1	0	0	0
B64	0	0	0	0	0	0	1	0	0	0
B65	0	0	0	0	0	0	0	0	0	0
B66	0	0	0	0	0	0	0	0	0	0
B67	0	0	0	0	0	0	0	0	0	0

表A5　2019年地方政府债券余额承销矩阵-2（单位：亿元）

序号	黑龙江	湖北	湖南	吉林	江苏	江西	辽宁	内蒙古	宁夏	青海
B1	972	1611	2018	764	2906	944	1658	1622	322	372
B2	968	1605	2010	761	2895	940	1652	1615	320	371
B3	966	1601	2005	759	2888	938	1648	1611	320	370
B4	954	1581	1981	750	2853	927	1628	1592	316	365
B5	449	1540	1929	730	2778	902	1585	0	307	356
B6	230	0	78	261	0	323	516	555	0	127

续表

序号	黑龙江	湖北	湖南	吉林	江苏	江西	辽宁	内蒙古	宁夏	青海
B7	0	0	41	87	0	169	0	0	58	67
B8	0	50	0	87	0	62	26	0	0	9
B9	0	0	0	0	0	0	0	0	0	0
B10	0	0	0	0	0	48	0	0	0	15
B11	55	0	0	31	0	44	16	177	0	0
B12	0	0	0	0	0	0	0	0	0	0
B13	0	0	36	0	0	0	0	0	0	0
B14	0	0	0	0	0	0	0	0	0	0
B15	0	0	0	0	0	0	0	0	0	0
B16	12	0	0	7	0	0	0	0	0	0
B17	0	0	0	0	0	0	0	0	0	0
B18	0	0	0	0	0	0	0	0	0	0
B19	0	0	0	0	219	0	0	0	0	0
B20	0	0	0	0	0	0	1	0	0	0
B21	0	0	0	0	219	0	0	0	0	0
B22	0	0	0	0	0	0	0	0	0	0
B23	0	0	0	0	0	17	0	0	0	0
B24	0	0	0	0	0	0	0	0	0	0
B25	0	0	0	0	0	0	0	0	0	3
B26	0	0	0	0	0	0	0	0	0	0
B27	0	0	0	5	0	0	0	0	0	0
B28	0	0	0	0	0	0	0	0	0	0
B29	0	0	0	4	0	0	6	0	0	0
B30	0	0	0	0	0	0	0	0	0	0
B31	0	0	0	0	0	0	0	0	0	0
B32	0	0	0	8	0	0	0	0	0	0
B33	0	0	0	0	0	0	0	0	0	0

序号	黑龙江	湖北	湖南	吉林	江苏	江西	辽宁	内蒙古	宁夏	青海
B34	0	0	0	0	0	0	0	0	0	0
B35	0	0	0	0	0	0	0	0	0	0
B36	4	0	0	0	10	0	0	0	0	0
B37	0	0	0	0	0	0	0	0	0	0
B38	0	0	0	0	0	0	0	0	0	0
B39	0	0	0	0	0	0	0	0	0	0
B40	0	0	0	0	0	4	0	3	0	0
B41	0	0	0	1	0	0	0	0	0	0
B42	0	0	0	1	0	0	0	0	0	0
B43	0	0	0	0	0	0	0	0	0	0
B44	0	0	0	0	0	0	0	0	0	0
B45	0	0	0	0	0	0	0	0	0	0
B46	0	0	0	0	0	0	0	0	0	0
B47	4	0	0	0	0	0	0	0	0	0
B48	4	0	0	0	0	0	0	0	0	0
B49	0	0	0	0	0	0	0	0	0	0
B50	0	0	0	0	0	0	0	0	0	0
B51	0	0	0	0	0	0	0	0	0	0
B52	0	0	0	0	0	0	0	0	0	0
B53	0	0	18	0	0	0	0	0	0	0
B54	0	0	0	0	0	0	0	0	0	0
B55	0	0	0	0	0	0	0	0	0	0
B56	0	0	0	0	0	0	0	0	0	0
B57	0	0	0	0	0	0	0	0	0	0
B58	0	0	0	0	0	0	0	0	0	0
B59	0	0	0	0	0	0	0	0	0	0
B60	0	0	0	0	0	0	0	0	0	0

序号	黑龙江	湖北	湖南	吉林	江苏	江西	辽宁	内蒙古	宁夏	青海
B61	0	0	0	0	0	0	0	0	0	0
B62	0	0	0	0	0	0	0	0	0	0
B63	0	0	0	0	0	0	0	0	0	0
B64	0	0	0	0	0	0	0	0	0	0
B65	0	0	0	0	0	0	0	0	0	0
B66	0	0	0	0	0	0	0	0	0	0
B67	0	0	0	0	0	0	0	0	0	0

表 A6 2019 年地方政府债券余额承销矩阵-3（单位：亿元）

序号	山东	山西	陕西	上海	四川	天津	西藏	新疆	云南	浙江	重庆
B1	2429	692	1207	1059	2133	982	94	858	1608	2368	1025
B2	2419	689	1203	1055	2124	978	0	854	1602	2358	1021
B3	2413	413	1200	1052	2119	976	94	853	1598	2353	1019
B4	2384	679	1185	1039	2093	964	60	842	1579	2324	1006
B5	2322	661	1154	1012	2039	698	0	820	1173	1996	980
B6	176	237	413	362	0	86	0	293	188	444	351
B7	60	50	32	0	0	18	0	154	0	284	0
B8	0	0	0	0	0	29	0	47	106	35	117
B9	24	0	0	0	0	121	0	0	0	0	0
B10	0	0	0	94	0	87	0	76	0	0	20
B11	95	0	0	0	0	0	0	0	74	0	0
B12	0	34	0	0	0	0	0	22	11	47	0
B13	95	0	0	0	0	0	0	0	0	29	0
B14	152	0	0	0	0	0	0	28	0	0	0
B15	0	7	5	0	0	0	0	0	0	0	0
B16	0	0	0	0	0	0	0	0	0	0	0
B17	0	0	0	0	0	0	0	0	0	0	0

续表

序号	山东	山西	陕西	上海	四川	天津	西藏	新疆	云南	浙江	重庆
B18	73	0	0	0	0	0	0	0	0	0	0
B19	0	0	0	0	0	0	0	0	0	0	0
B20	0	0	0	0	0	0	0	0	0	0	0
B21	0	0	0	0	0	0	0	0	0	0	0
B22	0	0	0	0	0	0	0	0	0	0	0
B23	0	0	0	0	0	0	0	0	0	0	0
B24	0	0	0	0	0	0	0	0	0	51	0
B25	0	0	0	0	0	0	0	0	0	0	0
B26	0	0	0	0	0	9	0	0	0	0	0
B27	0	0	0	0	0	0	0	0	6	0	0
B28	0	0	0	0	0	0	0	0	0	0	0
B29	0	0	0	0	0	0	0	0	0	0	0
B30	0	0	0	0	0	0	0	0	0	0	0
B31	0	0	0	0	0	0	0	0	0	2	0
B32	0	0	0	0	0	0	0	0	0	0	0
B33	0	0	0	0	0	0	0	0	0	0	0
B34	0	0	0	26	0	0	0	0	0	0	0
B35	16	0	0	0	0	0	0	0	0	0	0
B36	0	0	0	0	0	0	0	0	0	0	0
B37	1	0	0	0	0	0	0	0	0	0	0
B38	0	4	0	0	0	0	0	0	0	0	0
B39	0	0	0	0	0	0	0	0	0	0	0
B40	0	0	0	0	0	0	0	0	0	0	0
B41	0	0	0	0	0	0	0	0	0	0	0
B42	0	0	0	0	0	0	0	0	0	0	0
B43	0	0	0	0	0	0	0	0	0	0	0
B44	0	0	0	0	0	0	0	0	3	0	0

序号	山东	山西	陕西	上海	四川	天津	西藏	新疆	云南	浙江	重庆
B45	0	0	0	0	0	0	0	0	0	0	0
B46	0	0	0	0	0	0	0	0	4	0	0
B47	0	0	0	0	0	0	0	0	0	0	0
B48	0	0	0	0	0	0	0	0	0	0	0
B49	0	0	0	0	0	0	0	0	0	0	0
B50	0	0	0	0	0	0	0	0	0	0	0
B51	0	0	0	0	0	0	0	0	0	0	0
B52	0	0	0	0	0	0	0	0	2	0	0
B53	0	0	0	0	0	0	0	0	0	0	0
B54	0	0	0	0	0	0	0	0	0	0	0
B55	0	0	0	0	0	0	0	0	0	0	0
B56	0	0	0	0	0	0	0	0	0	0	0
B57	0	0	0	0	0	0	0	0	0	0	0
B58	0	0	0	0	0	0	0	0	0	0	0
B59	0	0	0	0	0	0	0	0	0	0	0
B60	0	0	0	0	0	0	0	0	0	0	0
B61	0	0	0	0	0	0	0	0	0	0	0
B62	0	0	0	0	0	0	0	0	0	0	0
B63	0	0	0	0	0	0	0	0	0	0	0
B64	0	0	0	0	0	0	0	0	0	0	0
B65	0	0	0	0	0	0	0	0	0	0	0
B66	0	0	0	0	0	0	0	0	0	0	0
B67	0	0	0	0	0	0	0	0	0	0	0

表A7　2020年地方政府债券余额承销矩阵-1（单位：亿元）

序号	安徽	北京	福建	甘肃	广东	广西	贵州	海南	河北	河南
B1	1934	1145	1572	735	2942	1476	2082	478	2088	1916

序号	安徽	北京	福建	甘肃	广东	广西	贵州	海南	河北	河南
B2	1928	1141	1567	733	2933	1472	2076	476	2082	1910
B3	1925	1139	1564	731	2911	1469	2072	475	2078	1907
B4	1767	1129	1549	724	2889	1353	2052	471	2058	1889
B5	1836	1087	1383	697	2776	1401	1976	453	1982	1819
B6	0	0	504	0	111	36	0	165	0	0
B7	24	190	19	122	29	17	37	31	0	24
B8	0	0	10	75	277	0	114	0	153	0
B9	0	0	0	0	108	216	180	0	217	278
B10	0	36	51	0	0	0	25	0	0	0
B11	0	52	0	0	0	0	0	0	0	0
B12	0	0	22	13	0	35	59	0	61	0
B13	0	0	17	0	8	0	34	0	45	0
B14	0	0	0	0	150	0	0	0	0	0
B15	0	86	0	0	0	0	0	0	0	0
B16	0	0	0	0	0	0	0	0	0	0
B17	0	0	20	0	0	0	40	6	0	0
B18	0	0	8	0	0	0	0	0	26	0
B19	0	36	0	0	0	0	0	0	0	0
B20	0	0	10	0	0	0	15	0	0	0
B21	0	0	0	0	0	0	0	0	0	0
B22	0	0	0	0	0	0	0	0	77	0
B23	0	0	0	0	0	0	63	0	0	0
B24	0	0	0	0	0	0	0	0	0	0
B25	0	0	0	0	0	0	0	0	0	0
B26	0	0	0	0	0	0	0	0	0	0
B27	0	0	0	0	0	0	44	0	0	0
B28	0	0	0	0	0	0	0	0	0	0

续表

序号	安徽	北京	福建	甘肃	广东	广西	贵州	海南	河北	河南
B29	0	0	0	0	0	0	0	0	0	0
B30	0	0	0	0	0	0	0	0	0	0
B31	0	0	0	0	0	0	0	0	0	0
B32	0	0	0	0	0	0	0	0	0	0
B33	0	0	0	0	0	0	0	0	0	0
B34	0	0	0	0	0	0	0	0	0	0
B35	0	0	0	0	0	0	0	0	0	0
B36	86	0	0	0	0	0	0	0	0	0
B37	0	0	0	0	0	0	7	0	0	0
B38	0	0	0	0	0	0	0	0	0	0
B39	0	0	0	0	0	0	7	0	0	0
B40	0	0	0	0	0	0	0	0	0	0
B41	0	0	0	0	0	0	0	4	0	0
B42	0	0	0	0	0	0	0	0	0	0
B43	0	0	0	0	0	0	0	0	0	0
B44	0	0	0	0	0	0	0	0	0	0
B45	0	0	0	0	0	0	0	0	0	0
B46	0	0	0	0	0	0	0	0	0	0
B47	0	0	0	0	0	0	0	0	0	0
B48	0	0	0	0	0	0	3	0	0	0
B49	0	0	0	0	0	0	3	0	0	0
B50	0	0	0	0	0	0	3	0	0	0
B51	0	0	0	0	0	0	3	0	0	0
B52	0	0	0	0	0	0	3	0	0	0
B53	0	0	0	0	0	0	3	0	0	0
B54	0	0	0	0	0	0	3	0	0	0
B55	0	0	0	0	0	0	3	0	0	0

续表

序号	安徽	北京	福建	甘肃	广东	广西	贵州	海南	河北	河南
B56	0	0	0	0	0	0	3	0	0	0
B57	0	0	0	0	0	0	3	0	0	0
B58	0	0	0	0	0	0	0	0	0	0
B59	0	0	0	0	0	0	0	0	0	0
B60	0	0	0	0	0	0	0	0	0	0
B61	0	4	0	0	0	0	0	0	0	0
B62	0	0	0	4	0	0	0	0	0	0
B63	0	0	0	0	0	0	0	0	0	0
B64	0	0	0	0	0	0	0	0	7	0
B65	0	2	0	0	0	0	0	0	0	0
B66	0	0	0	0	0	0	0	0	0	0
B67	0	0	0	0	0	0	0	0	0	0
B68	0	0	0	0	0	0	0	0	0	0
B69	0	0	0	0	0	0	0	0	0	0
B70	0	0	0	0	0	0	0	0	0	0
B71	0	0	0	0	0	0	0	0	0	0

表A8 2020年地方政府债券余额承销矩阵-2（单位：亿元）

序号	黑龙江	湖北	湖南	吉林	江苏	江西	辽宁	内蒙古	宁夏	青海
B1	1170	1988	2351	892	3364	1259	1731	1829	359	435
B2	1166	1982	2343	890	3354	1255	1726	1823	358	434
B3	1164	1978	2339	888	3348	1253	1723	1820	358	433
B4	1153	1959	2317	880	3316	1241	1706	1803	354	429
B5	370	1887	2231	847	3193	1195	1643	0	341	413
B6	302	0	53	308	0	435	526	632	0	150
B7	0	0	25	62	0	209	0	0	60	72
B8	124	89	0	83	0	128	33	291	0	0
B9	0	0	0	0	0	0	0	0	9	0

续表

序号	黑龙江	湖北	湖南	吉林	江苏	江西	辽宁	内蒙古	宁夏	青海
B10	0	50	0	103	0	52	21	0	0	8
B11	0	0	0	0	0	43	0	0	0	25
B12	18	35	0	0	0	0	5	0	0	0
B13	36	0	0	24	0	0	0	0	0	0
B14	0	0	82	0	0	0	0	0	0	0
B15	0	0	0	0	0	0	0	0	0	0
B16	0	0	0	0	0	0	0	0	0	0
B17	27	0	0	0	76	0	5	16	0	0
B18	0	15	0	0	0	0	0	0	0	0
B19	0	0	0	0	0	0	0	0	0	0
B20	6	0	0	0	0	0	0	0	0	0
B21	0	0	0	0	0	0	0	0	0	0
B22	0	0	0	0	0	0	0	0	0	0
B23	0	0	0	0	0	0	0	0	0	0
B24	0	7	0	0	0	0	0	0	0	0
B25	0	0	0	10	0	0	13	0	0	0
B26	0	0	0	0	0	0	0	0	0	0
B27	0	0	0	0	0	0	0	0	0	0
B28	0	0	0	0	0	25	0	0	0	0
B29	0	0	0	0	247	0	0	0	0	0
B30	0	0	0	0	247	0	0	0	0	0
B31	0	5	0	0	0	0	0	0	0	0
B32	0	0	0	0	0	0	0	0	0	0
B33	0	0	0	0	0	0	0	0	0	3
B34	0	0	0	10	0	0	0	0	0	0
B35	0	0	0	0	0	16	0	13	0	0
B36	0	0	0	0	0	0	0	0	0	0

续表

序号	黑龙江	湖北	湖南	吉林	江苏	江西	辽宁	内蒙古	宁夏	青海
B37	0	0	0	0	0	0	0	0	0	0
B38	0	0	0	0	0	0	0	0	0	0
B39	0	0	0	0	0	0	0	0	0	0
B40	0	0	0	0	0	0	0	0	0	0
B41	0	0	0	0	0	0	0	0	0	0
B42	0	0	0	0	0	0	0	0	0	0
B43	0	0	0	0	0	0	0	0	0	0
B44	0	0	0	3	0	0	0	0	0	0
B45	0	0	0	3	0	0	0	0	0	0
B46	0	0	0	0	0	0	0	0	0	0
B47	0	0	0	0	0	0	0	0	0	0
B48	0	0	0	0	0	0	0	0	0	0
B49	0	0	0	0	0	0	0	0	0	0
B50	0	0	0	0	0	0	0	0	0	0
B51	0	0	0	0	0	0	0	0	0	0
B52	0	0	0	0	0	0	0	0	0	0
B53	0	0	0	0	0	0	0	0	0	0
B54	0	0	0	0	0	0	0	0	0	0
B55	0	0	0	0	0	0	0	0	0	0
B56	0	0	0	0	0	0	0	0	0	0
B57	0	0	0	0	0	0	0	0	0	0
B58	7	0	0	0	0	0	0	0	0	0
B59	7	0	0	0	0	0	0	0	0	0
B60	0	0	0	0	0	0	0	0	0	0
B61	0	0	0	0	0	0	0	0	0	0
B62	0	0	0	0	0	0	0	0	0	0
B63	0	0	0	0	0	0	0	0	0	0

续表

序号	黑龙江	湖北	湖南	吉林	江苏	江西	辽宁	内蒙古	宁夏	青海
B64	0	0	0	0	0	0	0	0	0	0
B65	0	0	0	0	0	0	0	0	0	0
B66	0	0	0	0	0	0	1	0	0	0
B67	0	0	0	0	0	0	0	0	0	0
B68	0	0	0	0	0	0	0	0	0	0
B69	0	0	0	0	0	0	0	0	0	0
B70	0	0	13	0	0	0	0	0	0	0
B71	0	0	0	0	0	0	0	0	0	0

表 A9 2020 年地方政府债券余额承销矩阵-3（单位：亿元）

序号	山东	山西	陕西	上海	四川	天津	西藏	新疆	云南	浙江	重庆
B1	3151	889	1377	1275	2572	1286	121	1075	1886	2795	1231
B2	3142	886	1373	1271	2564	1282	35	1071	1880	2787	1227
B3	3136	656	1370	1269	2560	1279	121	1069	1877	2782	1225
B4	3106	876	1357	1257	2535	1267	92	1059	1859	2755	1213
B5	2991	844	1307	1210	2441	618	0	1020	1431	2424	1168
B6	190	307	476	441	0	219	0	371	163	615	425
B7	62	38	18	0	0	10	0	179	0	238	0
B8	257	0	0	0	0	0	0	0	174	0	0
B9	27	0	0	0	0	193	0	0	0	15	0
B10	12	0	0	0	0	73	0	48	140	33	141
B11	10	0	0	122	0	123	0	103	0	9	51
B12	0	0	0	0	0	0	0	0	27	0	0
B13	0	0	0	0	0	0	0	0	20	0	0
B14	93	0	0	0	0	0	0	0	0	28	0
B15	209	0	0	0	0	0	0	53	0	0	0
B16	0	48	0	0	0	0	0	20	8	73	0

续表

序号	山东	山西	陕西	上海	四川	天津	西藏	新疆	云南	浙江	重庆
B17	0	0	0	0	0	0	0	0	23	0	17
B18	0	0	0	0	0	0	0	0	0	0	0
B19	0	17	3	0	0	0	0	0	0	0	0
B20	0	0	0	0	0	0	0	0	9	0	0
B21	109	0	0	0	0	0	0	0	0	0	0
B22	0	0	0	0	0	0	0	0	0	0	0
B23	0	0	0	0	0	0	0	0	0	0	0
B24	0	0	0	0	0	0	0	0	6	0	0
B25	0	0	0	0	0	0	0	0	0	0	0
B26	0	0	0	0	0	0	0	0	0	68	0
B27	0	0	0	0	0	0	0	0	0	0	0
B28	0	0	0	0	0	0	0	0	0	0	0
B29	0	0	0	0	0	0	0	0	0	0	0
B30	0	0	0	0	0	0	0	0	0	0	0
B31	0	0	0	0	0	0	0	0	0	0	0
B32	43	0	0	0	0	0	0	0	0	0	0
B33	0	0	0	0	0	0	0	0	0	0	0
B34	0	0	0	0	0	0	0	0	0	0	0
B35	0	0	0	0	0	0	0	0	0	0	0
B36	0	0	0	0	0	0	0	0	0	0	0
B37	0	0	0	0	0	0	0	0	3	0	0
B38	0	0	0	0	0	0	0	0	0	3	0
B39	0	0	0	0	0	0	0	0	4	0	0
B40	0	0	0	0	0	0	0	0	0	0	0
B41	0	0	0	0	0	0	0	0	0	0	0
B42	0	0	0	0	0	6	0	0	0	0	0
B43	1	0	0	0	0	0	0	0	0	0	0

续表

序号	山东	山西	陕西	上海	四川	天津	西藏	新疆	云南	浙江	重庆
B44	0	0	0	0	0	0	0	0	0	0	0
B45	0	0	0	0	0	0	0	0	0	0	0
B46	0	0	0	32	0	0	0	0	0	0	0
B47	0	0	0	0	0	0	0	0	0	0	26
B48	0	0	0	0	0	0	0	0	0	0	0
B49	0	0	0	0	0	0	0	0	0	0	0
B50	0	0	0	0	0	0	0	0	0	0	0
B51	0	0	0	0	0	0	0	0	0	0	0
B52	0	0	0	0	0	0	0	0	0	0	0
B53	0	0	0	0	0	0	0	0	0	0	0
B54	0	0	0	0	0	0	0	0	0	0	0
B55	0	0	0	0	0	0	0	0	0	0	0
B56	0	0	0	0	0	0	0	0	0	0	0
B57	0	0	0	0	0	0	0	0	0	0	0
B58	0	0	0	0	0	0	0	0	0	0	0
B59	0	0	0	0	0	0	0	0	0	0	0
B60	0	0	0	0	0	0	0	0	7	0	0
B61	0	0	0	0	0	0	0	0	0	0	0
B62	0	0	0	0	0	0	0	0	0	0	0
B63	0	3	0	0	0	0	0	0	0	0	0
B64	0	0	0	0	0	0	0	0	0	0	0
B65	0	0	0	0	0	0	0	0	0	0	0
B66	0	0	0	0	0	0	0	0	0	0	0
B67	0	0	0	0	0	0	0	0	0	0	0
B68	0	0	0	0	0	0	0	0	0	0	0
B69	0	0	0	0	0	0	0	0	0	0	0
B70	0	0	0	0	0	0	0	0	0	0	0

序号	山东	山西	陕西	上海	四川	天津	西藏	新疆	云南	浙江	重庆
B71	0	0	0	0	0	0	0	0	0	0	0

表 A10　2021 年地方政府债券余额承销矩阵-1（单位：亿元）

序号	安徽	北京	福建	甘肃	广东	广西	贵州	海南	河北	河南
B1	2289	1658	1854	892	2708	1650	2195	540	2537	2426
B2	2283	1653	1850	889	2701	1646	2189	539	2531	2419
B3	2280	1651	1847	888	2685	1643	2186	538	2527	2416
B4	2121	1638	1833	881	2670	1528	2169	534	2507	2397
B5	2127	1540	1650	829	2505	1533	2040	502	1722	2254
B6	181	0	627	0	114	37	0	191	0	0
B7	0	0	29	144	382	0	233	25	343	0
B8	23	264	30	142	41	16	35	25	0	24
B9	0	0	86	50	2	101	155	14	190	0
B10	96	0	0	0	129	290	164	0	371	427
B11	0	0	86	23	0	0	118	24	73	0
B12	0	105	43	0	0	0	25	0	0	0
B13	0	56	9	24	0	0	0	13	0	0
B14	0	0	56	15	11	0	76	0	111	0
B15	0	0	42	0	7	0	0	0	102	0
B16	0	0	0	0	132	0	0	0	0	0
B17	0	0	3	8	0	0	0	0	24	0
B18	0	0	30	8	0	0	39	4	0	0
B19	0	134	0	0	0	0	0	0	0	0
B20	0	0	0	0	0	0	0	0	0	0
B21	0	0	0	7	0	0	0	4	22	0
B22	0	51	0	0	0	0	0	0	0	0
B23	0	0	0	0	0	0	0	0	0	0
B24	0	0	0	0	0	0	0	0	0	0

续表

序号	安徽	北京	福建	甘肃	广东	广西	贵州	海南	河北	河南
B25	0	0	0	0	0	0	0	0	0	0
B26	0	0	0	0	0	0	59	0	0	0
B27	0	0	0	2	0	0	0	1	0	0
B28	0	0	0	0	0	0	42	0	0	0
B29	0	0	0	0	0	0	0	0	0	0
B30	0	0	0	0	0	0	0	0	0	0
B31	0	0	0	2	0	0	11	0	0	0
B32	0	0	0	4	0	0	0	0	0	0
B33	0	0	0	0	0	0	0	0	56	0
B34	0	0	0	0	0	0	0	0	0	0
B35	0	0	0	0	0	0	0	0	0	0
B36	0	0	0	0	1	0	0	0	0	0
B37	0	0	0	0	0	0	9	0	0	0
B38	0	0	0	0	0	0	9	0	0	0
B39	102	0	0	0	0	0	0	0	0	0
B40	0	0	0	0	0	0	11	0	0	0
B41	0	0	0	0	0	0	12	0	0	0
B42	0	0	0	0	0	0	0	0	0	0
B43	0	0	0	0	0	0	0	0	0	0
B44	0	0	0	0	0	0	0	0	0	0
B45	0	0	0	0	0	0	0	0	0	0
B46	0	0	0	0	0	0	7	0	0	0
B47	0	0	0	0	0	0	7	0	0	0
B48	0	0	0	0	0	0	7	0	0	0
B49	0	0	0	0	0	0	7	0	0	0
B50	0	0	0	0	0	0	7	0	0	0
B51	0	0	0	0	0	0	7	0	0	0

续表

序号	安徽	北京	福建	甘肃	广东	广西	贵州	海南	河北	河南
B52	0	0	0	0	0	0	7	0	0	0
B53	0	0	0	0	0	0	0	0	0	0
B54	0	0	0	0	0	0	0	0	0	0
B55	0	0	0	0	0	0	0	4	0	0
B56	0	0	0	0	0	0	0	0	0	0
B57	0	0	0	0	0	0	0	0	0	0
B58	0	0	0	0	0	0	0	0	0	0
B59	0	0	0	0	0	0	0	0	0	0
B60	0	0	0	0	0	0	0	0	0	0
B61	0	0	0	0	0	0	0	0	0	0
B62	0	0	0	0	0	0	0	0	0	0
B63	0	0	0	6	0	0	0	0	0	0
B64	0	0	0	0	0	0	0	0	0	0
B65	0	0	0	0	0	0	0	0	0	0
B66	0	0	0	0	0	0	0	0	0	0
B67	0	0	0	0	0	0	0	0	0	0
B68	0	3	0	0	0	0	0	0	0	0
B69	0	0	0	0	0	0	0	0	0	0
B70	0	0	0	0	0	0	0	0	4	0
B71	0	0	0	0	0	0	0	0	0	0
B72	0	0	0	0	0	0	0	0	0	0
B73	0	0	0	0	0	0	0	0	0	0
B74	0	0	0	0	0	0	0	0	0	0
B75	0	0	0	0	0	0	0	0	0	0
B76	0	0	0	0	0	0	0	0	0	0
B77	0	0	0	0	0	0	0	0	0	0
B78	0	0	0	0	0	0	0	0	0	0

序号	安徽	北京	福建	甘肃	广东	广西	贵州	海南	河北	河南
B79	0	0	0	0	0	0	0	0	0	0

表 A11 2021 年地方政府债券余额承销矩阵-2（单位：亿元）

序号	黑龙江	湖北	湖南	吉林	江苏	江西	辽宁	内蒙古	宁夏	青海
B1	1321	2302	2705	1085	3705	1574	1876	1946	365	492
B2	1317	2296	2698	1082	3696	1570	1872	1941	364	491
B3	1315	2292	2694	1081	3691	1568	1869	1938	364	490
B4	1305	2275	2673	1072	3662	1556	1854	1923	361	487
B5	298	2139	2514	1008	3444	1463	1744	0	339	458
B6	374	0	54	383	0	556	562	562	15	174
B7	212	231	0	158	0	250	126	412	9	18
B8	0	0	24	54	0	251	17	0	58	78
B9	65	128	0	27	0	0	46	0	0	10
B10	51	0	0	0	0	0	0	0	19	0
B11	79	59	63	25	222	0	53	80	0	0
B12	0	26	0	122	0	44	53	0	5	17
B13	0	0	0	0	0	89	0	0	0	39
B14	69	0	0	51	0	0	29	24	0	0
B15	0	69	37	0	0	0	0	0	0	0
B16	0	0	85	0	0	0	0	0	0	0
B17	0	39	0	8	0	0	15	12	0	0
B18	19	0	0	8	0	0	11	0	0	0
B19	0	0	0	0	0	0	0	0	0	0
B20	0	0	0	0	0	0	0	0	0	0
B21	0	0	19	0	0	0	10	33	0	0
B22	0	0	0	0	0	0	0	0	0	0
B23	0	14	0	0	0	0	0	0	0	0
B24	0	0	0	0	0	0	0	0	0	0

续表

序号	黑龙江	湖北	湖南	吉林	江苏	江西	辽宁	内蒙古	宁夏	青海
B25	0	0	0	15	0	0	18	0	0	0
B26	0	0	0	0	0	0	0	0	0	0
B27	0	5	0	0	0	0	3	0	0	0
B28	0	0	0	0	0	0	0	0	0	0
B29	0	0	0	0	0	0	0	0	0	0
B30	0	0	0	0	0	0	0	0	0	0
B31	0	0	0	0	0	0	3	0	0	0
B32	6	0	0	0	0	16	0	13	0	0
B33	0	0	0	0	0	0	0	0	0	0
B34	0	0	0	0	0	34	0	0	0	0
B35	0	0	0	12	0	0	0	0	0	0
B36	0	0	0	0	0	0	0	0	0	0
B37	0	0	0	0	0	0	3	0	0	0
B38	0	0	0	0	0	0	3	0	0	0
B39	0	0	0	0	0	0	0	0	0	0
B40	0	0	0	0	0	0	0	0	0	0
B41	0	0	0	0	0	0	0	0	0	0
B42	0	0	0	0	262	0	0	0	0	0
B43	0	0	0	0	262	0	0	0	0	0
B44	0	0	0	2	0	0	0	0	0	0
B45	0	0	0	0	0	0	0	0	0	4
B46	0	0	0	0	0	0	0	0	0	0
B47	0	0	0	0	0	0	0	0	0	0
B48	0	0	0	0	0	0	0	0	0	0
B49	0	0	0	0	0	0	0	0	0	0
B50	0	0	0	0	0	0	0	0	0	0
B51	0	0	0	0	0	0	0	0	0	0

续表

序号	黑龙江	湖北	湖南	吉林	江苏	江西	辽宁	内蒙古	宁夏	青海
B52	0	0	0	0	0	0	0	0	0	0
B53	0	0	0	6	0	0	0	0	0	0
B54	0	0	0	0	0	0	0	0	0	0
B55	0	0	0	0	0	0	0	0	0	0
B56	0	0	0	0	0	0	0	0	0	0
B57	0	0	0	0	0	0	0	0	0	0
B58	0	0	0	0	0	0	0	0	0	0
B59	0	0	0	0	0	0	0	0	0	0
B60	0	0	0	0	0	0	0	0	0	0
B61	0	0	0	2	0	0	0	0	0	0
B62	0	0	0	2	0	0	0	0	0	0
B63	0	0	0	0	0	0	0	0	0	0
B64	6	0	0	0	0	0	0	0	0	0
B65	6	0	0	0	0	0	0	0	0	0
B66	0	0	0	0	0	0	0	0	0	0
B67	0	0	0	0	0	0	0	0	0	0
B68	0	0	0	0	0	0	0	0	0	0
B69	0	0	0	0	0	0	0	0	0	0
B70	0	0	0	0	0	0	0	0	0	0
B71	0	0	0	0	0	0	0	0	0	0
B72	0	0	0	0	0	0	1	0	0	0
B73	0	0	0	0	0	0	0	0	0	0
B74	0	0	0	0	0	0	0	0	0	0
B75	0	0	0	0	0	0	0	0	0	0
B76	0	0	8	0	0	0	0	0	0	0
B77	0	0	0	0	0	0	0	0	0	0
B78	0	0	0	0	0	0	0	0	0	0

序号	黑龙江	湖北	湖南	吉林	江苏	江西	辽宁	内蒙古	宁夏	青海
B79	0	0	0	0	0	0	0	0	0	0

表 A12　2021 年地方政府债券余额承销矩阵-3（单位：亿元）

序号	山东	山西	陕西	上海	四川	天津	西藏	新疆	云南	浙江	重庆
B1	3762	824	1705	1360	3076	1609	149	1332	2127	3318	1524
B2	3753	822	1701	1356	3068	1605	76	1329	2122	3309	1520
B3	3747	645	1698	1354	3064	1603	148	1327	2119	3305	1518
B4	3718	814	1685	1344	3040	1590	121	1316	2102	3279	1506
B5	3496	766	1125	1264	2859	475	0	1238	1697	2901	1416
B6	221	291	602	480	0	388	0	470	128	783	538
B7	502	1	0	0	0	0	0	0	306	0	90
B8	74	28	17	0	0	9	0	212	0	193	67
B9	0	0	0	0	86	0	0	0	48	0	50
B10	31	0	0	0	0	290	0	0	0	39	0
B11	0	0	53	0	0	0	0	0	44	0	32
B12	26	0	0	0	0	123	0	44	123	27	124
B13	26	0	0	154	0	182	0	151	0	23	108
B14	0	0	0	0	0	0	0	0	28	0	0
B15	0	0	0	0	0	0	0	0	0	0	0
B16	78	0	0	0	0	0	0	28	0	25	0
B17	0	0	0	0	0	0	0	0	14	0	0
B18	0	0	0	0	0	0	0	0	14	0	0
B19	268	0	0	0	0	0	0	83	0	0	0
B20	0	51	0	0	0	0	0	19	9	113	26
B21	0	0	0	0	0	0	0	0	0	0	0
B22	0	16	3	0	0	0	0	0	0	0	0
B23	0	0	0	0	0	0	0	0	0	0	0

续表

序号	山东	山西	陕西	上海	四川	天津	西藏	新疆	云南	浙江	重庆
B24	143	0	0	0	0	0	0	0	0	0	0
B25	0	0	0	0	0	0	0	0	0	0	0
B26	0	0	0	0	0	0	0	0	0	0	0
B27	0	0	0	0	0	0	0	0	0	0	0
B28	0	0	0	0	0	0	0	0	0	0	0
B29	0	0	0	0	0	0	0	0	0	101	0
B30	78	0	0	0	0	0	0	0	0	0	0
B31	0	0	0	0	0	0	0	0	0	0	0
B32	0	0	0	0	0	0	0	0	0	0	0
B33	0	0	0	0	0	0	0	0	0	0	0
B34	0	0	0	0	0	0	0	0	0	0	0
B35	0	0	0	0	0	0	0	0	0	0	0
B36	0	0	0	0	0	0	0	0	0	0	0
B37	0	0	0	0	0	0	0	0	0	0	0
B38	0	0	0	0	0	0	0	0	0	0	0
B39	0	0	0	0	0	0	0	0	0	0	0
B40	0	0	0	0	0	0	0	0	3	0	0
B41	0	0	0	0	0	0	0	0	3	0	0
B42	0	0	0	0	0	0	0	0	0	0	0
B43	0	0	0	0	0	0	0	0	0	0	0
B44	0	0	0	0	0	5	0	0	0	0	0
B45	0	0	0	0	0	0	0	0	0	0	0
B46	0	0	0	0	0	0	0	0	0	0	0
B47	0	0	0	0	0	0	0	0	0	0	0
B48	0	0	0	0	0	0	0	0	0	0	0
B49	0	0	0	0	0	0	0	0	0	0	0
B50	0	0	0	0	0	0	0	0	0	0	0

续表

序号	山东	山西	陕西	上海	四川	天津	西藏	新疆	云南	浙江	重庆
B51	0	0	0	0	0	0	0	0	0	0	0
B52	0	0	0	0	0	0	0	0	0	0	0
B53	0	0	0	0	0	0	0	0	4	0	0
B54	0	0	0	0	0	0	0	0	0	3	0
B55	0	0	0	0	0	0	0	0	0	0	0
B56	2	0	0	0	0	0	0	0	0	0	0
B57	0	2	0	0	0	0	0	0	0	0	0
B58	0	0	0	33	0	0	0	0	0	0	0
B59	0	0	0	0	0	0	0	0	0	0	34
B60	0	0	0	0	0	0	0	0	18	0	0
B61	0	0	0	0	0	0	0	0	0	0	0
B62	0	0	0	0	0	0	0	0	0	0	0
B63	0	0	0	0	0	0	0	0	0	0	0
B64	0	0	0	0	0	0	0	0	0	0	0
B65	0	0	0	0	0	0	0	0	0	0	0
B66	11	0	0	0	0	0	0	0	0	0	0
B67	0	0	0	0	9	0	0	0	0	0	0
B68	0	0	0	0	0	0	0	0	0	0	0
B69	0	0	0	0	0	0	0	0	0	0	0
B70	0	0	0	0	0	0	0	0	0	0	0
B71	0	0	0	0	0	0	0	0	0	0	0
B72	0	0	0	0	0	0	0	0	0	0	0
B73	0	0	0	0	0	0	0	0	0	0	0
B74	0	0	0	0	0	0	0	0	0	0	0
B75	0	0	0	0	0	0	0	0	0	0	0
B76	0	0	0	0	0	0	0	0	0	0	0
B77	0	0	0	0	0	0	0	0	0	0	0

续表

序号	山东	山西	陕西	上海	四川	天津	西藏	新疆	云南	浙江	重庆
B78	0	0	0	0	0	0	0	0	0	0	0
B79	0	0	0	0	0	0	0	0	0	0	1

表A13 2022年地方政府债券余额承销矩阵-1（单位：亿元）

序号	安徽	北京	福建	甘肃	广东	广西	贵州	海南	河北	河南
B1	2968	1994	2125	1060	4594	1802	2226	598	3028	2857
B2	2962	1989	2120	1058	4584	1798	2221	597	3021	2851
B3	2958	1987	2118	1057	4573	1796	2218	596	3017	2848
B4	1991	1969	2099	1047	4532	1740	2198	591	2991	2822
B5	1913	1832	1893	974	4217	1656	2045	550	1496	2626
B6	182	0	732	0	60	14	0	212	0	0
B7	0	0	52	238	1028	84	359	60	601	178
B8	0	0	208	76	0	55	234	57	238	116
B9	0	0	162	97	305	176	218	34	231	101
B10	11	328	41	174	61	59	15	19	0	11
B11	96	0	0	0	328	329	142	0	497	521
B12	0	48	17	56	0	0	0	29	0	0
B13	0	0	110	40	13	29	124	0	140	61
B14	0	0	0	37	0	27	28	19	116	56
B15	0	158	45	0	0	0	10	0	0	0
B16	0	0	74	27	0	20	84	14	46	0
B17	0	0	83	0	183	0	28	0	125	0
B18	0	0	6	19	0	0	14	0	27	0
B19	0	0	0	15	0	11	12	8	0	23
B20	0	176	0	0	0	0	0	0	0	0
B21	0	0	0	0	292	0	0	0	0	0
B22	0	0	0	0	0	0	0	0	0	0
B23	0	0	0	0	0	0	0	0	0	0

序号	安徽	北京	福建	甘肃	广东	广西	贵州	海南	河北	河南
B24	0	68	0	0	0	0	0	0	0	0
B25	0	0	0	0	0	0	7	0	15	0
B26	0	0	0	0	0	0	0	0	0	0
B27	0	0	0	0	0	0	0	0	0	0
B28	0	0	0	6	0	0	18	0	0	0
B29	0	0	0	10	0	0	8	0	0	0
B30	0	0	0	0	0	0	54	0	0	0
B31	0	0	0	0	0	0	0	0	0	0
B32	0	0	0	0	2	0	2	0	0	0
B33	0	0	0	0	0	0	0	0	0	0
B34	0	0	0	0	0	0	42	0	0	0
B35	0	0	0	0	0	0	13	0	0	0
B36	0	0	0	0	0	0	13	0	0	0
B37	0	0	0	0	0	0	16	0	8	0
B38	0	0	0	0	0	0	0	0	0	0
B39	0	0	0	0	0	0	0	0	0	0
B40	137	0	0	0	0	0	0	0	0	0
B41	0	0	0	0	0	0	0	0	0	0
B42	0	0	0	0	0	0	0	0	0	0
B43	0	0	0	0	0	0	9	0	0	0
B44	0	0	0	0	0	0	0	0	0	0
B45	0	0	0	0	0	0	7	0	0	0
B46	0	0	0	0	0	0	9	0	0	0
B47	0	0	0	0	0	0	9	0	0	0
B48	0	0	0	0	0	0	9	0	0	0
B49	0	0	0	0	0	0	0	0	42	0
B50	0	0	0	0	0	0	0	0	0	0

续表

序号	安徽	北京	福建	甘肃	广东	广西	贵州	海南	河北	河南
B51	0	0	0	0	0	0	0	0	0	0
B52	0	0	0	0	0	0	9	0	0	0
B53	0	0	0	0	0	0	0	0	0	0
B54	0	0	0	0	0	0	9	0	0	0
B55	0	0	0	0	0	0	0	4	0	0
B56	0	0	0	0	0	0	0	0	0	0
B57	0	3	0	0	0	0	0	0	0	0
B58	0	0	0	0	0	0	0	0	0	0
B59	0	0	0	0	0	0	5	0	0	0
B60	0	0	0	0	0	0	0	0	0	0
B61	0	0	0	0	0	0	5	0	0	0
B62	0	0	0	0	0	0	0	0	0	0
B63	0	0	0	0	0	0	3	0	0	0
B64	0	0	0	0	0	0	0	0	0	0
B65	0	0	0	0	0	0	0	0	0	0
B66	0	0	0	8	0	0	0	0	0	0
B67	0	0	0	0	0	0	2	0	0	0
B68	0	0	0	0	0	0	0	0	0	0
B69	0	0	0	0	0	0	0	0	0	0
B70	0	0	1	0	0	0	0	0	0	0
B71	0	0	0	0	0	0	0	0	0	0
B72	0	0	0	0	0	0	0	0	0	0
B73	0	0	0	0	0	0	0	0	4	0
B74	0	0	0	0	0	0	0	0	0	0
B75	0	0	0	0	0	0	0	0	0	0
B76	0	0	0	0	0	0	0	0	3	0
B77	0	0	0	0	0	0	0	0	0	0

序号	安徽	北京	福建	甘肃	广东	广西	贵州	海南	河北	河南
B78	0	0	0	0	0	0	0	0	0	0
B79	0	0	0	0	0	0	0	0	0	0
B80	0	0	0	0	0	0	0	0	0	0
B81	0	0	0	0	0	1	0	0	0	0
B82	0	0	0	0	0	0	0	0	0	0
B83	0	0	0	0	0	0	0	0	0	0
B84	0	0	0	0	0	0	0	0	0	0
B85	0	0	0	0	0	0	0	0	0	0
B86	0	0	0	0	0	0	0	0	0	0
B87	0	0	0	0	0	0	0	0	0	0

表 A14　2022 年地方政府债券余额承销矩阵-2（单位：亿元）

序号	黑龙江	湖北	湖南	吉林	江苏	江西	辽宁	内蒙古	宁夏	青海
B1	1435	2595	3034	1204	4009	1874	1941	1996	374	528
B2	1432	2590	3027	1202	4000	1870	1937	1992	374	527
B3	1430	2586	3023	1200	3996	1868	1934	1989	373	526
B4	1417	2563	2996	1189	3960	1851	1917	1971	370	522
B5	207	2385	2788	1107	3684	1722	1784	0	344	485
B6	419	0	27	428	0	665	563	483	32	188
B7	316	410	0	256	0	419	235	522	11	43
B8	162	176	189	80	466	0	137	173	0	0
B9	115	233	0	70	0	0	105	0	0	24
B10	0	0	13	37	0	308	30	0	54	87
B11	94	0	0	0	0	0	0	0	28	0
B12	0	0	0	0	0	137	0	0	0	52
B13	109	0	0	88	0	0	65	57	0	0
B14	0	43	92	20	0	0	52	105	0	7
B15	0	25	0	131	0	29	71	0	10	23

序号	黑龙江	湖北	湖南	吉林	江苏	江西	辽宁	内蒙古	宁夏	青海
B16	47	32	0	29	0	0	33	0	0	0
B17	0	85	89	0	0	0	0	0	0	0
B18	0	44	0	20	0	0	31	27	0	0
B19	0	35	0	0	0	0	19	0	0	0
B20	0	0	0	0	0	0	0	0	0	0
B21	0	0	89	0	0	0	0	0	0	0
B22	0	0	0	0	0	0	0	0	0	0
B23	0	25	0	0	0	0	0	0	0	0
B24	0	0	0	0	0	0	0	0	0	0
B25	0	11	0	5	0	0	0	0	0	0
B26	0	0	0	20	0	0	23	0	0	0
B27	0	0	0	0	0	0	0	0	0	0
B28	0	0	0	0	0	0	7	0	0	0
B29	11	0	0	0	0	17	0	14	0	0
B30	0	0	0	0	0	0	0	0	0	0
B31	0	0	0	0	0	0	0	0	0	0
B32	0	0	0	0	0	0	0	0	0	0
B33	0	0	0	0	0	0	0	0	0	0
B34	0	0	0	0	0	0	0	0	0	0
B35	0	0	0	0	0	0	5	0	0	0
B36	0	0	0	0	0	0	5	0	0	0
B37	0	0	0	0	0	0	0	0	0	0
B38	0	0	0	0	0	45	0	0	0	0
B39	0	0	0	13	0	0	0	0	0	0
B40	0	0	0	0	0	0	0	0	0	0
B41	0	0	0	5	0	0	0	0	0	0
B42	0	0	0	0	282	0	0	0	0	0

续表

序号	黑龙江	湖北	湖南	吉林	江苏	江西	辽宁	内蒙古	宁夏	青海
B43	0	0	0	0	0	0	0	0	0	0
B44	0	0	0	0	282	0	0	0	0	0
B45	0	0	0	0	0	0	0	0	0	0
B46	0	0	0	0	0	0	0	0	0	0
B47	0	0	0	0	0	0	0	0	0	0
B48	0	0	0	0	0	0	0	0	0	0
B49	0	0	0	0	0	0	0	0	0	0
B50	0	0	0	0	0	0	0	0	0	4
B51	0	0	0	0	0	0	0	0	0	0
B52	0	0	0	0	0	0	0	0	0	0
B53	0	0	0	0	0	0	0	0	0	0
B54	0	0	0	0	0	0	0	0	0	0
B55	0	0	0	0	0	0	0	0	0	0
B56	0	0	0	0	0	0	0	0	0	0
B57	0	0	0	0	0	0	0	0	0	0
B58	0	0	0	0	0	0	0	0	0	0
B59	0	0	0	0	0	0	0	0	0	0
B60	0	0	0	0	0	0	0	0	0	0
B61	0	0	0	0	0	0	0	0	0	0
B62	0	0	0	0	0	0	0	0	0	0
B63	0	0	0	0	0	0	0	0	0	0
B64	0	0	0	6	0	0	0	0	0	0
B65	0	0	0	0	0	0	0	0	0	0
B66	0	0	0	0	0	0	0	0	0	0
B67	0	0	0	0	0	0	3	0	0	0
B68	0	0	0	2	0	0	0	0	0	0
B69	0	0	0	2	0	0	0	0	0	0

续表

序号	黑龙江	湖北	湖南	吉林	江苏	江西	辽宁	内蒙古	宁夏	青海
B70	0	0	0	0	0	0	0	0	0	0
B71	5	0	0	0	0	0	0	0	0	0
B72	5	0	0	0	0	0	0	0	0	0
B73	0	0	0	0	0	0	0	0	0	0
B74	0	0	0	0	0	0	0	0	0	0
B75	0	0	0	0	0	0	0	0	0	0
B76	0	0	0	0	0	0	0	0	0	0
B77	0	0	0	0	0	0	0	0	0	0
B78	0	0	0	0	0	0	0	0	0	0
B79	0	0	0	0	0	0	0	0	0	0
B80	0	0	0	0	0	0	0	0	0	0
B81	0	0	0	0	0	0	0	0	0	0
B82	0	0	0	0	0	0	0	0	0	0
B83	0	0	0	0	0	0	0	0	0	0
B84	0	0	0	0	0	0	0	0	0	0
B85	0	0	0	0	0	0	0	0	0	0
B86	0	0	6	0	0	0	0	0	0	0
B87	0	0	0	0	0	0	0	0	0	0

表 A15 2022 年地方政府债券余额承销矩阵-3（单位：亿元）

序号	山东	山西	陕西	上海	四川	天津	西藏	新疆	云南	浙江	重庆
B1	4401	1128	1972	1580	3529	1723	159	1566	2306	3818	1719
B2	4391	1125	1968	1576	3522	1719	107	1562	2301	3810	1715
B3	4386	978	1966	1574	3517	1717	158	1560	2298	3805	1713
B4	4346	1114	1948	1560	3486	1702	141	1546	2277	3771	1698
B5	4044	1036	970	1451	3243	599	0	1439	1845	3352	1579
B6	219	400	700	561	0	380	0	556	101	1012	610
B7	825	105	0	0	0	65	0	0	472	0	194

续表

序号	山东	山西	陕西	上海	四川	天津	西藏	新疆	云南	浙江	重庆
B8	0	68	156	0	126	42	0	0	144	0	106
B9	0	60	0	0	109	0	0	0	59	0	110
B10	78	24	6	0	0	5	0	257	0	177	122
B11	26	0	0	0	0	316	0	0	0	39	0
B12	44	50	0	195	0	213	0	194	0	40	156
B13	0	36	0	0	0	0	0	0	36	0	29
B14	0	0	0	0	61	21	0	0	37	0	27
B15	38	0	0	0	0	116	0	42	97	23	106
B16	0	24	0	0	0	15	0	0	24	0	20
B17	0	0	0	0	0	0	0	0	0	0	0
B18	0	0	0	0	0	0	0	0	17	0	14
B19	0	0	0	0	25	0	0	0	0	0	0
B20	339	0	0	0	0	0	0	118	0	0	0
B21	60	0	0	0	0	0	0	57	0	22	0
B22	0	75	0	0	0	0	0	15	5	159	49
B23	0	0	0	0	0	0	0	0	0	0	0
B24	0	31	1	0	0	0	0	0	0	0	0
B25	0	0	0	0	15	0	0	0	0	0	7
B26	0	0	0	0	0	0	0	0	0	0	0
B27	183	0	0	0	0	0	0	0	0	0	0
B28	0	0	0	0	0	0	0	0	0	0	0
B29	0	0	0	0	0	0	0	0	0	0	0
B30	0	0	0	0	0	0	0	0	0	0	0
B31	0	0	0	0	0	0	0	0	0	128	0
B32	0	0	0	0	0	0	0	0	0	0	0
B33	118	0	0	0	0	0	0	0	0	0	0
B34	0	0	0	0	0	0	0	0	0	0	0
B35	0	0	0	0	0	0	0	0	0	0	0

序号	山东	山西	陕西	上海	四川	天津	西藏	新疆	云南	浙江	重庆
B36	0	0	0	0	0	0	0	0	0	0	0
B37	0	0	0	0	0	0	0	0	0	0	0
B38	0	0	0	0	0	0	0	0	0	0	0
B39	0	0	0	0	0	0	0	0	0	0	0
B40	0	0	0	0	0	0	0	0	0	0	0
B41	0	0	0	0	0	4	0	0	0	0	0
B42	0	0	0	0	0	0	0	0	0	0	0
B43	0	0	0	0	0	0	0	0	0	0	0
B44	0	0	0	0	0	0	0	0	0	0	0
B45	36	0	0	0	0	0	0	0	0	0	0
B46	0	0	0	0	0	0	0	0	0	0	0
B47	0	0	0	0	0	0	0	0	0	0	0
B48	0	0	0	0	0	0	0	0	0	0	0
B49	0	0	0	0	0	0	0	0	0	0	0
B50	0	0	0	0	0	0	0	0	0	0	0
B51	3	0	0	0	0	0	0	0	0	0	0
B52	0	0	0	0	0	0	0	0	2	0	0
B53	0	0	0	0	0	0	0	0	0	4	0
B54	0	0	0	0	0	0	0	0	3	0	0
B55	0	0	0	0	0	0	0	0	0	0	0
B56	0	0	0	0	26	0	0	0	0	0	0
B57	0	0	0	0	0	2	0	0	0	0	0
B58	0	5	0	0	0	0	0	0	0	0	0
B59	0	0	0	0	0	0	0	0	0	0	0
B60	0	0	0	0	0	0	0	0	0	0	37
B61	0	0	0	0	0	0	0	0	0	0	0
B62	0	0	0	0	0	0	0	0	29	0	0
B63	0	0	0	0	6	0	0	0	0	0	0

序号	山东	山西	陕西	上海	四川	天津	西藏	新疆	云南	浙江	重庆
B64	0	0	0	0	0	0	0	0	3	0	0
B65	0	0	0	40	0	0	0	0	0	0	0
B66	0	0	0	0	0	0	0	0	0	0	0
B67	0	0	0	0	0	0	0	0	0	0	0
B68	0	0	0	0	0	0	0	0	0	0	0
B69	0	0	0	0	0	0	0	0	0	0	0
B70	0	0	0	0	0	0	0	0	0	0	0
B71	0	0	0	0	0	0	0	0	0	0	0
B72	0	0	0	0	0	0	0	0	0	0	0
B73	0	0	0	0	0	0	0	0	0	0	0
B74	0	0	0	0	0	0	0	0	0	0	0
B75	0	0	0	0	0	0	0	0	0	0	3
B76	0	0	0	0	0	0	0	0	0	0	0
B77	0	0	0	0	0	0	0	0	0	0	0
B78	0	0	0	0	0	0	0	0	0	0	0
B79	0	0	0	0	0	0	0	0	0	0	0
B80	0	0	0	0	0	0	0	0	0	0	0
B81	0	0	0	0	0	0	0	0	0	0	0
B82	0	0	0	0	0	0	0	0	0	0	0
B83	0	0	0	0	0	0	0	0	0	0	0
B84	0	0	0	0	0	0	0	0	0	0	0
B85	0	0	0	0	0	0	0	0	0	0	0
B86	0	0	0	0	0	0	0	0	0	0	0
B87	0	0	0	0	0	0	0	0	0	0	0